Und darum wage ich es, zur Feder zu greifen

Steffen Bender (Hrsg.)

Und darum wage ich es, zur Feder zu greifen

Briefe von Privatpersonen
an Kaiser Wilhelm II.

PETER LANG
Frankfurt am Main · Berlin · Bern · Bruxelles · New York · Oxford · Wien

Bibliografische Information der Deutschen Nationalbibliothek
Die Deutsche Nationalbibliothek verzeichnet diese Publikation in
der Deutschen Nationalbibliografie; detaillierte bibliografische
Daten sind im Internet über http://dnb.d-nb.de abrufbar.

Diese Arbeit ist im Sonderforschungsbereich 437
„Kriegserfahrungen. Krieg und Gesellschaft
in der Neuzeit" (Tübingen) entstanden
und wurde auf seine Veranlassung unter Verwendung
der ihm von der Deutschen Forschungsgemeinschaft
zur Verfügung gestellten Mittel gedruckt.

Umschlagabbildungen:
Brief von Wilhelm Zipperling an Kaiser Wilhelm II.
(mit beiliegender Fotografie), 31.1.1908.
Abdruck mit freundlicher Genehmigung des „Geheimen
Staatsarchivs Preußischer Kulturbesitz", Berlin.

Gedruckt auf alterungsbeständigem,
säurefreiem Papier.

ISBN 978-3-631-59546-6
© Peter Lang GmbH
Internationaler Verlag der Wissenschaften
Frankfurt am Main 2009
Alle Rechte vorbehalten.

Das Werk einschließlich aller seiner Teile ist urheberrechtlich
geschützt. Jede Verwertung außerhalb der engen Grenzen des
Urheberrechtsgesetzes ist ohne Zustimmung des Verlages
unzulässig und strafbar. Das gilt insbesondere für
Vervielfältigungen, Übersetzungen, Mikroverfilmungen und die
Einspeicherung und Verarbeitung in elektronischen Systemen.

www.peterlang.de

Für Julia

„Die Herren hielten sich alle sehr gerade, und manchmal schoß einer unvermutet ein Stück vorwärts. Mit ihren Stöcken strichen sie tosend über die herabgelassenen Rolläden, und im Takt voneinander unabhängig sangen sie die Wacht am Rhein. An der Ecke des Landgerichts stand ein Schutzmann, aber zu seinem Glück rührte er sich nicht. ‚Wollen Sie vielleicht etwas, Männeken?' rief Nothgroschen, der aus Rand und Band war. ‚Wir telegrafieren an den Kaiser!' Vor dem Postgebäude ward Pastor Zillich, der den schwächsten Magen hatte, von einem Unglück betroffen. Indes die andern ihm seine Lage zu erleichtern suchten, klingelte Diederich den Beamten heraus und gab das Telegramm auf. Als der Beamte es gelesen hatte, betrachtete er Diederich zögernd – aber Diederich blitzte ihn so furchtbar an, daß er zurückschrak und seine Pflicht tat."

Heinrich Mann: *Der Untertan*

Inhaltsverzeichnis

Vorwort	9
„Jeder, wie er es versteht und wie sein Herz ihn drängt" – Einführung	11
Quellenteil	
„Wenn jeder an den Kaiser schreiben will, wo soll das hinaus?" – Gesuche und Bitten	19
„Es lebe die Republik!" – Wilhelm als Kaiser und Mensch	39
„Lieber Kaiser Wilhelm" – Kinder und Jugendliche	57
„Folgen Sie dem guten Rathe eines deutschen Mannes" – Politische Anliegen	65
„Majestät wollen und müßen die Flotte doch größer haben" – Flottenbau und Militär	93
„Bedenken Majestät, daß jeder Mensch gerne lebt" – Der Weltkrieg	101
Anmerkungen	115
Quellennachweis	127
Bildnachweis	129

Vorwort

Die Idee, Briefe von Privatpersonen an Kaiser Wilhelm II. zusammenzutragen, entstand während der Archivarbeit zu meiner Dissertation, in der ich mich mit der deutschen Wahrnehmung des Burenkrieges beschäftigt habe. Die überaus heftige Kritik an der politischen Haltung des Kaisers, wie sie während dieser Zeit in Briefen an ihn offen artikuliert wurde, weckte mein Interesse, da sie weit über das Maß hinausging, das ich mir – selbst in Hinblick auf ein emotional aufgeladenes Ereignis wie den Burenkrieg – bei der Ansprache eines Monarchen hätte vorstellen können. Die weitere Suche nach Briefen an den Kaiser förderte ein komplexes, heterogenes Bild der vorgetragenen Anliegen zutage, das mit der vorliegenden Zusammenstellung umrissen werden soll.

Bei der Arbeit an dieser Briefesammlung bin ich von einer Reihe von Personen in vielfältiger Weise unterstützt worden; ihnen gilt mein herzlicher Dank. Besonders hervorheben möchte ich meinen Doktorvater Prof. Dr. Dieter Langewiesche. Er hat dem Projekt von der ersten Idee an sein Interesse entgegengebracht, die Arbeit daran mit seinem wissenschaftlichen Rat begleitet und dabei geholfen, Hürden auf dem Weg bis zur Veröffentlichung zu nehmen.

Den Mitarbeiterinnen und Mitarbeitern des ‚Geheimen Staatsarchivs Preußischer Kulturbesitz' und des ‚Politischen Archivs des Auswärtigen Amtes' danke ich für ihre geduldige und aufmerksame Unterstützung bei der Suche nach ungewöhnlichen und nicht häufig nachgefragten Quellen in den Beständen ihrer Häuser. Bei Anna-Maria Blank bedanke ich mich dafür, dass sie mich während meinen Archivreisen nach Berlin einmal mehr freundlich aufgenommen hat.

Florian Schnürer danke ich dafür, dass er mir einige der Briefe zur Verfügung gestellt hat, die er bei seinen eigenen Archivrecherchen entdeckt hat. Kathrin Pabst gilt mein Dank für ihre sofortige Bereitschaft, mich an ihren Erkenntnissen teilhaben zu lassen, die sie aus der wissenschaftlichen Beschäftigung mit einer Briefserie an den Kaiser gewonnen hat.

Für die Aufnahme des Buches in das Verlagsprogramm und seine zuvorkommende, fundierte Betreuung bei der Vorbereitung der Publikation danke ich Carsten Schneider-Wiederkehr vom ‚Peter Lang Verlag'.

Julia Schmid hat mich und meine Arbeit erneut in unschätzbarer Weise unterstützt: Mit wichtigen fachlichen Anregungen, weiterführenden Beobachtungen, ihrem Interesse und ihrer Begleitung in allen Lebenslagen. Ihr ist dieses Buch gewidmet.

Tübingen, im Sommer 2009   Steffen Bender

„Jeder, wie er es versteht und wie sein Herz ihn drängt"
Einführung

Im November 1890 erinnerte das *Deutsche Tageblatt* seine Leser daran, dass das Deutsche Reich eine Monarchie war. „Immediat-Gesuche an den Kaiser", mahnte die Berliner Zeitung, müssten unbedingt, wenn „sie Erfolg haben sollen, in der vorgeschriebenen Form abgefaßt sein". So seien Abkürzungen der Titulaturen des Monarchen „wie etwa ‚Ew. Majestät' (statt ‚Eure Kaiserliche und Königliche Majestät')" zu vermeiden. „Gesuche, die irgend welchen Formfehler enthalten", resümierte das Blatt, „sendet das Geheime Zivil-Kabinet ohne Weiteres an die Absender zurück".[1] Diese strikte Maßregelung von Bürgern, die mit dem Kaiser in Kontakt treten wollten, erregte jedoch den Widerspruch des Geheimen Zivilkabinetts, dem Regierungsbüro und Sekretariat des preußischen Königs und deutschen Kaisers. Hermann von Lucanus, der der Behörde vorstand, machte den preußischen Innenminister Ernst Ludwig Herrfurth auf die Zeitungsmeldung aufmerksam und betonte, dass die Informationen „über die Abfassung und geschäftliche Erledigung von Immediateingaben an Seine Maj." unzutreffend seien. „[E]inem Jeden, welcher die Gnade seiner Maj. zu bitten beabsichtigt", schrieb Lucanus, sei es unbenommen, seine „Wünsche in einem Immediatgesuche nach eigenem Ermessen vorzutragen", und unterstrich, dass „es hierbei auf die Beachtung bestimmter Formen nicht ankommt".[2] Herrfurth veranlasste daraufhin eine Richtigstellung der Meldung, die fünf Tage nach dem ersten Artikel im *Deutschen Tageblatt* veröffentlicht wurde.[3] „[S]owohl in der äußeren Form wie im Inhalt" müsse „in jeder Weise die dem Landesherrn schuldige Ehrfurcht gewahrt werden", hob das Blatt hervor. Dennoch hätten Formfehler nicht unmittelbar zur Folge, dass Schreiben an den Kaiser „ohne Weiteres und ohne Berücksichtigung ihres sachlichen Inhalts wieder zurückgehen" – denn dies sei nicht im Interesse des Kaisers selbst. Er wünsche „vielmehr gerade, daß jeder, der ein Anliegen an ihn hat, offen und frei heraus dasselbe ihm so mittheilt, wie er es versteht und wie sein Herz ihn drängt".[4]

Wie die Zeitungsmeldung nahelegt, war es kein seltener, aber auch kein gewöhnlicher Vorgang, wenn Privatpersonen brieflich an das kaiserliche Staatsoberhaupt herantraten. Während seiner gesamten Regentschaft zwischen 1888 und 1918 erhielt Kaiser Wilhelm II. Schreiben von deutschen Staatsbürgern und Personen aus dem Ausland, die sich mit Bitten, Vorschlägen und Kritik an ihn wandten.

---

1 *Deutsches Tageblatt* (erste Ausgabe), 10. Jg., Nr. 527, 11.11.1890.
2 Lucanus an Herrfurth, 13.11.1890, GStA PK, I. HA Rep. 89, 725, Bl. 81-82.
3 Siehe Herrfurth an Lucanus, 19.11.1890, GStA PK, I. HA Rep. 89, 725, Bl. 84.
4 *Deutsches Tageblatt* (erste Beilage), 10. Jg., Nr. 538, 16.11.1890.

Diesen direkten Zugang zum Monarchen wollte dessen Sekretariat offen halten, auch wenn gängige Konventionen bei der Ansprache des Monarchen verletzt und die hierarchische Beziehung zwischen Kaiser und Untertan aufgehoben wurde. Ob Wilhelm die Briefe, die ihm von einfachen Bürgern ohne Amt und politische Funktion zugesandt wurden, selbst zu Gesicht bekam, ist nur gelegentlich überliefert. Reaktionen des Geheimen Zivilkabinetts lassen sich nur in seltenen Fällen nachzeichnen, beschränkten sich dann jedoch meist auf die Anordnung polizeilicher Nachforschungen über die Verfasser der Briefe, wenn deren Inhalt als Beleidigung oder Bedrohung interpretiert wurde. Zahlreiche Briefe, die unter diese Kategorie fielen, wurden anonym verfasst, und auch zu denjenigen Schreibern, die mit Namen und Adresse zeichneten, liegen kaum biographische Informationen vor, die für die Interpretation der Briefe von Bedeutung sein könnten. Worin liegt aber dann der Quellenwert der Briefe, mit denen sich Privatpersonen an den Kaiser wandten?

„Der allerbeste Grund, sich mit dem Kaiser auseinanderzusetzen", formuliert es der profilierte Wilhelm-Forscher John C.G. Röhl, sei schlicht der, dass „die Archive Europas voll sind von Briefen von ihm, an ihn und über ihn". Der Historiker habe die Pflicht, diese Quellen zu bearbeiten; geschehe dies nicht, so „bleiben die Mythen unwidersprochen, die seit Generationen durch eine Mischung von Wunschdenken und bewusster Propaganda in Umlauf sind".[5] Röhl hat hauptsächlich Quellen im Blick, die aus Wilhelms engerem persönlichem und politischem Umfeld entstammen und eine Charakterisierung der Person des Kaisers zulassen. Das Bild, das sich die Menschen von Wilhelm machten, war bereits zeitgenössisch umstritten, und das ist bis heute so geblieben. Die Briefe von Privatpersonen an den Kaiser bieten eine ungewöhnliche Perspektive: In ihnen kommen die Bilder und Vorstellungen von Wilhelm und die Erwartungen an ihn zum Ausdruck, wie sie Menschen ohne Rang und Amt hatten.

Die Person des Monarchen wird dabei ebenso angesprochen wie seine Funktion im Staat. Bei beiden Aspekten kann anhand der Briefe gezeigt werden, dass der Kaiser vielen Schreibern als omnipotent und allgegenwärtig galt. Wenn um Fahrtgeld für einen Ausflug des Turnvereins gebeten, auf Gipsbüsten des Kaiserpaares von künstlerisch fragwürdiger Gestalt aufmerksam gemacht und empfohlen wurde, den Untertanen den Kauf eines bestimmten Buches zu befehlen, geschah dies vor dem Hintergrund der Vorstellung, der Kaiser könne und würde sich um nahezu jeden Aspekt des alltäglichen Lebens kümmern. Die Bürger sahen sich als Untertanen, erwarteten jedoch als Gegenleistung, in ihren persönlichen Alltagsnöten angehört zu werden und beim Monarchen Beistand zu finden.

In der Forschung ist Wilhelm vielfach als „Medienkaiser" beschrieben worden - omnipräsent in den aufkommenden Massenmedien, sei er von ihnen inszeniert worden. Der Kaiser und sein Hof hätten die neuen Möglichkeiten erkannt und

---

5 John C.G. Röhl: *Kaiser, Hof und Staat. Wilhelm II. und die deutsche Politik*, 2. Aufl., München 2007, 18-19.

sie für sich genutzt, indem sie an der Inszenierung kräftig mitgewirkt hätten.[6] Als „oberster Repräsentant der Nation", so beschreibt es Dieter Langewiesche, war Wilhelm „allgegenwärtig – im großen öffentlichen Auftritt, über den die Zeitungen ausführlich berichteten, ebenso als Nippes in der guten Stube und als Habituskopie im bürgerlichen Leben".[7]
In einer Reihe von Privatbriefen zeigte diese Stilisierung des Kaisers konkrete Auswirkungen. Indem etwa um Autogramme – „ein Bild mit der Unterschrift Euer Kaiserlichen Majestät" – oder ein sonstiges „kleines Zeichen allerhöchster Huld und Gnade" gebeten wurde, versuchten die Schreiber an der vielgestaltigen Verehrung des Monarchen teilzuhaben. Dennoch schuf die Inszenierung des Kaisers auch Angriffsflächen, denn sie erzeugte Erwartungen, an denen die Person gemessen wurde: Wie „kein zweiter Monarch seiner Zeit" stand Wilhelm „im Rampenlicht der Öffentlichkeit", so dass „Artikel über das Privatleben, die Vorlieben und Eigentümlichkeiten des deutschen Kaisers [...] in Zeitungen und Zeitschriften weltweit reißenden Absatz" fanden.[8]
In den Briefen wird dem Kaiser nicht nur gehuldigt, seine Amtsführung und seine Person wurden von den Schreibern auch massiv kritisiert, da die öffentliche Zurschaustellung des Kaisertums und dessen mediale Inszenierung auch Unmut provozieren konnten. Vergleiche Wilhelms II. mit seinem Großvater Wilhelm I., der sich durch eine zurückhaltende und dem öffentlichen Blick stärker entzogene Amtsführung ausgezeichnet hatte, sind in diesem Zusammenhang zu sehen.
Bei Briefen mit politischen Inhalten trat die zeitgenössische Sicht auf Kaiser Wilhelm als dem maßgeblichen Gestalter und Akteur der deutschen Innen- und Außenpolitik hervor. In der Forschung zu Wilhelm wird bis heute kontrovers diskutiert, wie groß die Einflussmöglichkeiten und die tatsächliche Handlungsmacht des Kaisers waren. Wilhelm sei früh mit seinem Ziel, „monokratisch das Reich zu regieren", gescheitert, und der Weltkrieg habe endgültig enthüllt, dass er trotz der überbordenden Rhetorik ein „Schattenkaiser" ohne wirkliche politische Handhabe war – so sieht es etwa Hans-Ulrich Wehler.[9] Der Wilhelm-Biograph Röhl vertritt eine ganz andere Auffassung: Der Kaiser habe die Fäden der deutschen Politik fest in seinen Händen gehalten; Röhl spricht vom „persönlichen Regiment" und einem „Königsmechanismus".[10] Von solchen Widersprüchen wuss-

---

6 Siehe etwa Christopher Clark: *Kaiser Wilhelm II*, Harlow 2000, bes. 160-185; Thomas A. Kohut: *Wilhelm II and the German. A Study in Leadership*, New York 1991, bes. 127-140.
7 Dieter Langewiesche: *Föderativer Nationalismus als Erbe der deutschen Reichsnation. Über Föderalismus und Zentralismus in der deutschen Nationalgeschichte*, in: ders. / Georg Schmidt (Hrsg.): *Föderative Nation. Deutschlandkonzepte von der Reformation bis zum Ersten Weltkrieg*, München 2000, 215-242, hier 230.
8 Dominik Geppert: *Pressekriege. Öffentlichkeit und Diplomatie in den deutsch-britischen Beziehungen (1896-1912)*, München 2007, 50.
9 Hans-Ulrich Wehler: *Das Deutsche Kaiserreich 1871-1918*, Göttingen 1973, 68-69.
10 John C.G. Röhl: *Kaiser Wilhelm II., Großherzog Friedrich I. und der ‚Königsmechanismus' im Kaiserreich Unzeitgemäße Betrachtungen zu einer badischen Geschichtsquelle*, in: Historische Zeitschrift 236 (1983), 539-577. In großer Ausführlichkeit bei John C.G. Röhl: *Wilhelm II.*, Bd. 2: *Der Aufbau der persönlichen Monarchie 1888-1900*, München 2001.

ten die Briefeschreiber nichts. Für sie lenkte der Kaiser die politischen Geschicke des Staates, sie sahen in Wilhelm eine Macht, deren Weisung an den entsprechenden staatlichen Stellen sofort Wirkung zeigen würde. Dieser Glaube an die Allmacht des Kaisers sprach auch aus den Briefen, in denen Kritik geäußert wurde. Die Briefe lassen somit nicht die Realität erkennen, sondern verdeutlichen, welche Vorstellungen von ihr in der Bevölkerung verbreitet waren.

Dass der Kaiser als Staatsoberhaupt direkt von den Bürgern in politischen Fragen angesprochen wurde, verweist auch auf die Entwicklung der staatlichen Struktur des Deutschen Reiches. Direkte politische Partizipation beschränkte sich auf Reichsebene auf die Wahl von Abgeordneten in den mit nur wenigen Kompetenzen ausgestatteten Reichstag, der ohne Einfluss auf die Regierungsbildung blieb. Das Parlament gewann zwar an politischem Gewicht, kam aber aus dem Vorhof der Macht nicht heraus. Eine parlamentarische Monarchie widersprach dem Selbstbild Wilhelms II., eine breite Politisierung der Gesellschaft konnte er jedoch nicht verhindern. Um die Jahrhundertwende war im Deutschen Reich ein „politischer Massenmarkt" fest etabliert, zu dem ein weit verzweigtes Netz von Vereinen gehörte, in die politisch interessierte Bürger auswichen.[11] Der Wille, unabhängig von den institutionellen Wegen politisch zu wirken, sprach auch aus den Briefen an den Kaiser: Ihn als politischen Akteur anzusprechen, ihm Ratschläge zu erteilen oder Forderungen zu stellen, entsprach einem veränderten Politikverständnis der Schreiber; sie umgingen die wenig durchlässige politische Hierarchie und wandten sich direkt an das Staatsoberhaupt, um ihre Vorstellungen zur Geltung zu bringen. Dem Kaiser eine politische Ansicht vorzutragen, zeugt von einem politischen Selbstbewußtsein, das innerhalb des staatlich gesteckten Rahmens nach Partizipationsmöglichkeiten suchte und den Kaiser als diejenige Instanz wahrnahm, die sich mit den politischen Wünschen der Bevölkerung auseinanderzusetzen habe.

Auch die Sprache der Briefe lässt dieses wachsende politische Selbstbewußtsein der Schreiber erkennen. Obwohl die formelhaften Konventionen bei der Ansprache des Monarchen bis zum Ende seiner Regentschaft erhalten blieben – vereinzelt entschuldigten sich Schreiber dafür, dass ihnen „der höfische Stiel ziemlich fremd" sei – milderte sich in den Briefen sprachlich der hierarchische Abstand zwischen Monarch und Untertan ab.[12] Wenn ein US-Amerikaner den deutschen Kaiser in einem Brief schlicht als „Sir" ansprach, so zeigt dies, dass dem Bürger einer demokratischen Republik die Konventionen fremd waren, die in einer aristokratisch gekrönten Gesellschaft vorherrschten. Wenn jedoch ein Reichsdeutscher den Kaiser in der ersten Person ansprach, ihn gar duzte und das Schreiben nicht mit seinem Namen zeichnete, so war dies ein gezielter Widerspruch gegen den kaiserliche Autoritätsanspruch.

---

11 Siehe etwa Dieter Langewiesche: *Politikstile im Kaiserreich. Zum Wandel von Politik und Öffentlichkeit im Zeitalter des ‚politischen Massenmarktes'*, Friedrichsruh 2002.
12 Siehe hierzu Rainer Baasner: *Briefkultur im 19. Jahrhundert. Kommunikation, Konvention, Postpraxis*, in: ders. (Hrsg.): *Briefkultur im 19. Jahrhundert*, Tübingen 1999, 1-36, hier bes. 13-27.

Nach dem Ende des Deutschen Kaiserreiches blickte Walther Rathenau im Jahr 1919 auf die Zeit des ‚Wilhelminismus' zurück. Dessen Zeitgeist sah der spätere Außenminister der Weimarer Republik untrennbar mit seinem Namensgeber verschränkt, der nun im niederländischen Doorn im Exil lebte. „Dies Volk in dieser Zeit, bewußt und unbewußt, hat ihn so gewollt, nicht anders gewollt, hat sich selbst in ihm so gewollt, nicht anders gewollt", umschrieb Rathenau die Beziehung zwischen Monarch und Untertanen. „Niemals zuvor hat so vollkommen ein sinnbildlicher Mensch sich in der Epoche, eine Epoche sich im Menschen gespiegelt."[13] Die Briefe von Privatpersonen an Kaiser Wilhelm II. erlauben es in diesem Sinn, beide Teile dieser Wechselbeziehung zu betrachten.

Der vorliegende Band enthält 100 Briefe von Privatpersonen an Kaiser Wilhelm II. Sie stammen in der überwiegenden Mehrzahl aus den Beständen des 'Geheimen Staatsarchivs Preußischer Kulturbesitz' in Berlin-Dahlem und vereinzelt aus denjenigen des 'Politischen Archivs des Auswärtigen Amtes' in Berlin. Es handelt sich bei der Zusammenstellung nicht um eine repräsentative Auswahl: Zum einen ist - anknüpfend an die genannte Einschätzung Röhls - zu vermuten, dass sich weitere Briefe auch in anderen als den beiden konsultierten Archiven befinden. Zum anderen kann man davon ausgehen, dass bereits die Beamten des Geheimen Zivilkabinetts bei der Ablage eingehender Briefe eine Auswahl vorgenommen haben. Auffällig ist etwa, dass eine im Verhältnis große Anzahl von Briefen aus den Jahren 1906 und 1907 stammt - was jedoch mit großer Wahrscheinlichkeit nicht bedeutet, dass in diesem Zeitraum weit mehr Briefe von Privatpersonen eingingen, als in den Jahren zuvor und danach, sondern vielmehr, dass die Ablage in diesem Zeitraum anders gehandhabt wurde.

Zentrales Kriterium bei der Auswahl der Briefe für diese Zusammenstellung war die direkte Ansprache des Kaisers durch die Schreiber. Die in den gleichen Aktengruppen ebenfalls vorhandenen Gesuche, in denen Beamte des Zivilkabinetts gebeten wurden, dem Kaiser einen bestimmten Sachverhalt oder eine Bitte vorzutragen, wurden dementsprechend nicht berücksichtigt. Die Briefe sind im Quellenteil zu sechs Kategorien zusammengefasst, innerhalb der Kategorien sind sie chronologisch angeordnet und mit einer durchlaufenden Dokumentennummer versehen. Die Kategorien wurden nach jeweils unterschiedlichen Kriterien gebildet - mit Bezug auf deren Inhalte, den Kreis der Schreiber oder den zeitlichen Entstehungsrahmen der Briefe - sodass mehrere Briefe zweien oder sogar dreien der Kategorien zugeordnet werden könnten. Die Gliederung des Quellenteils ist daher als reine Schematisierungshilfe zu verstehen, die lediglich dem schnelleren Zugriff auf bestimmte Aspekte und Themenfelder dienen soll.

Auf Veränderungen von Orthographie und Interpunktion der Briefe wurde verzichtet. In diesem Zusammenhang sei darauf verwiesen, dass die Standardisierung der Orthographie im deutschsprachigen Raum erst 1901 durch eine Rechtschreibereform durchgesetzt wurde, die jedoch - wie aus den Briefen ersichtlich

---

13 Walther Rathenau: *Der Kaiser. Eine Betrachtung*, Berlin 1919, 24.

wird – die Schreibgewohnheiten der Bevölkerung erst langsam durchdringen konnte. Kürzungen der Briefe sind nur vereinzelt vorgenommen worden, etwa bei Briefen mit sich wiederholenden Inhalten oder bei Sätzen und Passagen, die sich als unleserlich erwiesen haben.

Einigen der Briefe sind Anmerkungen beigefügt, die sich – mit der jeweiligen Dokumentennummer des korrespondierenden Briefes versehen – in einem Apparat befinden, der sich an den Quellenteil anschließt. Diese Anmerkungen sollen Informationen zum inhaltlichen Kontext der Briefe liefern und so dem Verständnis der Texte dienen; sofern weiterführende Informationen zu den Briefen im konkreten Fall vorhanden sind – etwa beiliegende Zeitungsausschnitte oder Reaktionen auf die Briefe – sind diese ebenfalls dort angefügt. Die Anmerkungen sind in einer Form gehalten, die der eigenen Interpretation möglichst wenig vorgreifen soll. Briefe, zu denen es eine Anmerkung gibt, sind in der jeweiligen Kopfzeile im Quellenteil mit einem Asterisk (*) gekennzeichnet.

Berlin den 5. Juni 1891

OB. HOFM. AMT
Sr. MAJ. d. K. u. K.
pr. 6 1 JUN 91.

Allerdurchlauchtigster, Großmächtigster
Kaiser und König!
Allergnädigster Kaiser, König und Herr!

Der allerunterthänigst Endesunterzeichnete, dem schon mehrere Male die unvergeßliche Gnade zu Teil wurde, Eurer Majestät in den letzten Jahren exotische Völkerschaften vorstellen zu dürfen, bittet Eure Majestät mit Gegenwärtigem, die zur Zeit in Berlin weilende Truppe afrikanischer Kriegerinnen, die sich aus 31 Frauen und 12 Männern von der Westküste Afrikas zusammensetzt, vorstellen zu dürfen. Hieran knüpft der allerunterthänigst Unterzeichnete die ergebene Bitte, Eure Majestät wolle zu diesem Zwecke huldreichst eine Extra-Vorstellung der bezeichneten Truppe, — vielleicht im Exerzierhause der Potsdamer Garnison, — zu befehlen geruhen.

In tiefster Ehrfurcht ersterbend

Fritz von Schirp,
Vertreter der Carl Hagenbeck in Hamburg,
Manager anthropologisch-zoologischer Ausstellungen.
Friedrichstraße 65.

„Wenn jeder an den Kaiser schreiben will, wo soll das hinaus?"
Gesuche und Bitten

Dokument 1
GStA PK, I. HA, Rep. 89, 854, Bl. 177-178

Kranichborn, den 8. Maerz 1892.

Allerdurchlauchtigster Großmächtigster Kaiser!
Allergnädigster Kaiser, König und Herr!

Einer der loyalsten und treuesten Unterthanen Ew. Kaiserlichen Majestät wagt es dem Throne ehrfurchtsvoll zu nahen und ein Gesuch Allerhöchst Ihnen zu unterbreiten, welches ich schon lange vorbringen wollte.
Im Jahre 1883 waren Ew. Majestät gelegentlich der Herbst Manöver in Erfurt. Bei der Rundfahrt hatten Seine Majestät, der hochselige Kaiser Wilhelm die allerhöchste Gnade in der Augustinerstr. vor meinem damaligen Restaurant zur Weintraube zu halten und mir zu gestatten Allerhöchstihm ein Glas Bier credenzen zu dürfen. Der hochselige Kaiser Friedrich, damals noch Kronprinz, hatte ebenfalls die Gnade von mir ein Glas Bier anzunehmen.
Es geschah dies am 20. September 1883 mittags 11 Uhr.
Ew. Kaiserliche Majestät befanden sich im 2ten Wagen; in demselben Wagen befand sich Deutschlands berühmter Feldherr, der Graf von Moltke.
Mit Rührung denke ich stets an diesen herrlichen Tag!
In Folge dieser mir wiederfahrenen Ehre kamen viele Besucher und Liebhaber um die Gläser zu besichtigen aus welchen die Kaiserlichen Herrschaften getrunken. Allgemein war man der Meinung, daß mir von meinen hohen Gästen irgend ein Andenken an diesen Moment verehrt werden würde, so daß auch ich daran glaubte. Als nun immer nichts derartiges kam, wurde mir sogar gesagt, ich wolle wahrscheinlich nicht sagen, was ich bekommen hätte. Sogar hohe Regierungsbeamte sagten mir das in's Gesicht.
Es ist ja keine That, die einer besonderen Anerkennung oder dergl. werth wäre, aber wir in der Provinz sind sehr spärlich mit so etwas bedacht und erfreut ein kleines Zeichen allerhöchster Huld und Gnade doppelt. Besonders mich würde so etwas überglücklich gemacht haben. Leider habe ich aber nicht die hohe Ehre und das Glück gehabt ein solches Zeichen allerhöchster Huld zu erhalten und bitte Ew. Kaiserliche Majestät zu erwägen, ob ich nicht in einer oder der anderen Weise bedankt werden könnte. Es würde mich und meine Familie glücklich machen!

Ich bitte nicht etwa um Unterstützung oder Geld, sondern das kleinste Zeichen würde für mich das Symbol der Kaiserlichen Gnade sein und mich stets beglücken.
Indem ich gnädige An- und Aufnahme meiner allerunterthänigsten Bitte erhoffe, verharre ich mit treuer Unterwürfigkeit

Ew. Kaiserlich, Königlichen Majestät
allerunterthänigster Diener
W. [Unterschrift unleserlich]
Gastwirth

Dokument 2
GStA PK, BPH, Rep. 113, 102, Bl. 216-217 *

Haiger, Reg. Bez. Wiesbaden,
den 20. Juli 1893

Ew. Majestät

Wollen es dem unterthänigst Unterzeichneten verzeihen, wenn er sich gedrungen fühlt, in aller Ehrerbietung einen Gedanken auszusprechen, welcher sich bei Besichtigung des Kaiserlichen Schlosses auf Wilhelmshöhe in der vorigen Woche ihm aufgedrängt hat.
Es ist daselbst in dem Treppenraum eine weibliche Figur angebracht, ganz nackt und mit einer Hand die Scham bedeckend. Ob Euer Majestät dies bewusst ist, halte ich für zweifelhaft, weiß ja auch nicht, ob die betr. Statue immer an jenem Platze steht, glaube aber bestimmt, daß etwas derartiges nur aus der Zeit stammen kann, wo das Schloß noch in anderen Händen war, und daß in ursprünglich preußischen Königsschlössern derartige Statuen sich nicht finden werden.
Wenn ich daran denke, daß das Schloß zu Wilhelmshöhe von Personen jeden Alters und jeden Geschlechts besucht wird und daß diese alle ganz anstößige Figur zu sehen bekommen und an derselben vorbeigehen müssen, wenn ich vollends daran gedenke, daß die geliebten kaiserlichen Prinzen, für welche wir sonntäglich im öffentlichen Gottesdienst baten und von denen wir gerne alles möchten fern gehalten sehen, was ihnen an Leib und Seele Schaden bringen könnte, demnächst, wie es heißt, einen Aufenthalt in diesem Schlosse nehmen sollen, so kann ich den Wunsch nicht unterdrücken, daß doch dieses Ärgerniß beseitigt werden möchte, sei es durch Entfernung der betr. Statue oder durch Verhüllung derselben. Letztere würde in gewöhnlichen Zeiten um so weniger Auffallendes haben, als ja in den für Fremde zugänglichen Gemächern die meisten Gegenstände verhüllt sind.
Ich weiß, wie leicht namentlich in jugendlichen Gemüthern ein unreines Feuer angezündet wird, wie z.B. bei Gymnasiasten durch nackte Götterbilder die Un-

keuschheit geweckt und genährt worden ist, und was der Heiland sagt in Matth. 18, 6-10, und hoffe von Ew. Majestät verstanden zu werden, wenn ich es nicht glaubte unterlassen zu dürfen, auf Obiges aufmerksam zu machen.
Gott segne Ew. Majestät und das ganze Kaiserliche Haus!

Ew. Majestät
unterthänigster
W. Haarbeck
ev. Pfarrer

Dokument 3
GStA PK, I. HA, Rep. 89, 849/1, ohne Blattzählung *

Allerdurchlauchtigster, Großmächtigster Kaiser!
Allergnädigster König und Herr!

In tiefster Demut wage ich es, Ew. Majestät allerunterthänigst eine innige Bitte auszusprechen.
Am 13. Januar, abends ½ 8 Uhr, findet in der ‚Brandenburgia', einer Gesellschaft für Heimatkunde, die im Märkischen Ständehause tagt, die Vorlesung eines Dramas von mir statt, und zwar durch Fr. Nuscha Butze.
Der Verein, an dessen Spitze der Oberpräsident von Achenbach, der Oberbürgermeister Helle und Geheimrat Friedel stehen, interessiert sich dafür um der wunderschönen märkischen Sage willen, die den ‚Drei Linden' zugrunde liegt.
Meine gütigen Freunde jedoch und namentlich die Künstlerin, die den Vortrag aus großer Freude und Teilnahme an dem Stück gütigst übernommen hat, sie alle wollen mir damit zum Ziele verhelfen: der Bühne. Aus diesem Grunde werden auch Vertreter der Presse und bedeutende Künstler wie Herr und Frau Prasch zugegen sein.
Allerdurchlauchtigster Kaiser, vielleicht ist die Kunde von den Schwierigkeiten, die einem aufstrebenden Dichter entgegenstehen, bis an die Stufen des Thrones gelangt; schwerer noch als dem Manne wird es auf diesem Gebiet der Frau, die ersten Gläubigen an ihr dramatisches Können an maßgebender Stelle zu finden.
Ich erflehe mir von Ew. Majestät mit aller Inbrunst meines Wunsches und allerunterthänigst die Gnade, sich huldvollst für die Vorlesung interessieren zu wollen, und zwar ein Exemplar der ‚Drei Linden' allergnädigst anzunehmen! Ein ein-

ziger Strahl der Kaiserlichen Huld würde meinem Talent die Sonne werden, in der es freudig emporblühen könnte.

In tiefster Demut verharre ich
Ew. Majestät
allerunterthänigste Dienerin
Clara von Förster

Berlin W. Culmstr. 11 II.
v. 21.12.1896

Dokument 4
GStA PK, BPH, Rep. 113, 103, Bl. 187 *

Berlin den 5. Juni 1894.
Allerdurchlauchtigster, Großmächtigster
Kaiser und König!
Allergnädigster Kaiser, König und Herr!

Der allerunterthänigst Endesunterzeichnete, dem schon mehrere Male die unvergeßliche Gnade zu Teil wurde, Eurer Majestät in den letzten Jahren exotische Völkerschaften vorstellen zu dürfen, bittet Ew. Majestät mit Gegenwärtigem, die zur Zeit in Berlin weilende
Truppe afrikanischer Kriegerinnen, die sich aus 51 Frauen und 12 Männern von der Westküste Afrikas zusammensetzt,
vorstellen zu dürfen. Hieran knüpft der allerunterthänigst Unterzeichnete die ergebene Bitte, Ew. Majestät wolle zu diesem Zwecke huldreichst eine Extra-Vorstellung der bezeichneten Truppe, - vielleicht im Exerzierhause der Potsdamer Garnison, - zu befehlen geruhen.

In tiefster Ehrfurcht ersterbend
Fritz von Schirp
Vertreter von Carl Hagenbeck in Hamburg,
Manager anthropologisch-zoologischer Schaustellungen.
Friedrichstraße 65a

Dokument 5
PA, R 3821, Bl. 291-292 *

[o.O., o.Dat., Eingangsstempel 20.07.1904]
Eure Majestät!

Knieend bitte ich Eure Majestät um Verzeihung, daß ich mit die Freiheit nehme, diese Zeilen an Euer Majestät zu richten. Mein unsagbares Unglück, die größte Herzensnot drängt mit zu diesem schritt. Seit Jahren bin ich nämlich in der Verbannung, ein überaus unglücklicher Mann und Familienvater!
Täglich, ja stündlich muß ich an die meinigen, an meine armen, unglücklichen Kinder denken, die ohne mich Hunger und not leiden werden. Ich habe seinerseits durch meine arbeit viel für die menschheit gethan.
Ich war Schriftsteller und mehr oder weniger Dichter. Mein Ruf fing schon an sich im türkischen Reich zu verbreiten, als ich nach der Insel Rhodus verbannt wurde, ohne Verhör oder vorher gerichtet zu werden.
Wenn man mich schuldig findet, so strafe man mich ernstlich, bin ich aber unschuldig, so gebe man mir meine Freiheit wieder. Seit zwei jahren habe ich wiederholt Bittschriften eingereicht, jedoch stets vergebens!
So richte ich heute all mein Flehen, alle meine Bitten an Eure Majestät, dem zweiten Vater des türkischen Volkes und Wohlthäter der Menschheit!
Eure Majestät schaue gnädig auf einen armen Unglücklichen herab und rette ihn und die armen seinen vor dem Verderben, indem, Eure Majestät ihn durch Ihre Botschaft in Constantinopel beschützen lassen wolle.
Möchte Gott, der König der Könige, Eure Majestät und Ihr Volck beschirmen!

Mit unterthänigsten Dank zeichne ich als Eure Majestät gehorsamsten Diener
Vidjdani
exile à l'ile de Rhodes

Dokument 6
GStA PK, I. HA, Rep. 89, 845, Bl. 92-93

Berlin C. den 12 März 1905
An Seine Majestät den deutschen Kaiser!

Eine bescheidene Bürgerfrau mit nur wenig Kunstsinn, erlaubt sich, mit ihrem Anliegen eines leicht abzuhelfenden Uebelstandes wegen, sich direkt an die wichtige Quelle zu wenden, selbst wenn die Form in der sie schreibt nicht ganz der Hofsitte entsprechen sollte.
Bei der Illumination an Sr. Majestät Geburtstag standen in den Schaufenstern bekränzt und in Blumenschmuck die Gipsbüsten unseres lieben Kaiserpaares die

garkeine Aehnlichkeit von denen aufweisen, die sie vorstellen sollten. Recht viele Beschauer konnten den Ausspruch schrecklich, entsetzlich beim Anblick nicht unterdrücken; und ich habe mich dabei geradezu geschüttelt. Was würde unser kunstsinniger Kaiser erst bei dem Anblick solcher Verzerrungen gesagt haben von sich selbst, oder von dem sonst so lieblichen Gesicht unserer Kaiserin in solcher Gipsgestalt. – Ja, solche Büsten müssten geradezu polizeilich verboten werden, denn erhebend auf das Volk, oder gar Ausländer wirken sie nicht! – Könnte denn den armen Gipsfigurenhändlern, denen zu der Beschaffung von guten Modellen die Mittel fehlen, nicht etliche Formen zur Verfügung gestellt werden, welche sie nur benützen dürfen? Es liegt ja fast ein Jahr dazu vor uns u. gestern las ich von einer neuen Kaiserbüste vom Professor Wanzel, und daher wage ich es, zur Feder zu greifen um so einem argen Uebelstande abzuhelfen. Doch auch die Vermählung unseres lieben Kronprinzen steht bevor, u ehe solche entwürdigenden Figuren in den Handel kommen, wäre es wohl an der Zeit recht bald einzugreifen mit schönen naturgetreuen Modellen von dem jungen Paare. Vielleicht findet Sr. Majestät meinen Wunsch trotz der schlichten Form nicht unpassend.

Hochachtungsvoll, ergebendst
eine kaisertreue
Berlinerin.

Dokument 7
GStA PK, I. HA, Rep. 89, 854, Bl. 64 *

An
Seine Majestät
Den Deutschen Kaiser und König
von Preussen
Wilhelm II.,

‚Hohenzollern'
Gäfle.

Allerdurchlauchtigster, Grossmächtigster Kaiser und König, Allergnädigster Kaiser, König und Herr!

Endesunterzeichneter, Inhaber der Generalagentur für Schweden für die Kölnische Unfallsversicherungs-Aktiengesellschaft in Köln, nimmt sich durch Gegenwärtiges die Freiheit Ew. Kaiserlichen und Königlichen Majestät ergebenst anheimzustellen Allerhöchstdieselben wollten geruhen von dem beigefügten Prospekt Kenntnis zu nehmen, welcher bezweckt die Vorteile der Eisenbahn- und

Dampfschiffsversicherung auf Lebenszeit darzulegen. Ich habe diesen Schritt in der Hoffnung getan, dass Ew. Kaiserliche und Königliche Majestät möglicherweise geneigt wären auf Grund dieser Vorteile und der unstreitbaren Solidarität der hervorragenden Gesellschaft eine solche Versicherung zu nehmen. Es dürfte überflüssig sein hervorzuheben, welche mächtige Hülfe Ew. Kaiserliche und Königliche Majestät dadurch der Gesellschaft und speciell der hiesigen Generalagentur derselben in ihrem harten Kampf mit den Konkurrenten gewähren würden.
In der Hoffnung Ew. Kaiserliche und Königliche Majestät wollten geruhen obigen Vorschlag in gnädige Erwägung zu ziehen verharrt

In tiefster Ehrerbietung
Chr. Stoffens

Stockholm den 13 Juli 1905

Dokument 8
GStA PK, I. HA, Rep. 89, 845, Bl. 97-98

Chateau de Georolles frar Montigny / aube Cote d'or
[o.Dat., Eingangsstempel: 26.11.1905]

Majestät!

Ich erhielt von meinem ehemaligen Lehrer aus Deutschland die inliegende Karte mit der photographischen Aufnahme Ihrer hohen Persönlichkeit und ich war sehr enttäuscht; denn ich glaubte bisher, daß Ihre Majestät viel viel hübscher seien, da alle französischen Photographien, die ich schon sah, Ihre Majestät als einen schöne stattliche, kriegerische Gestalt darstellen, die ich immer so sehr bewundern mußte. Ich bitte also Ihre Majestät, mir Ihre Photographie zusenden und mein kühnes Verlangen entschuldigen zu wollen. Ich wäre unendlich glücklich, meine Bewunderung gerechtfertigt zu sehen.

Guy du Souzy
éleve de 3e A

Dokument 9
GStA PK, I. HA, Rep. 89, 854, Bl. 126

Berlin, den 24ten Februar 1906

Allerdurchlauchtigster Großwürdigster Kaiser.
Allergnädigster Kaiser König und Herr.

Vielleicht haben Euer Kaiserliche Majestät die Gnade, anlässig der silbernen Hochzeit und der grünen Hochzeit des Kaiserlichen Prinzen, die Pfänder der Königlichen Pfandleihe auszulösen. Es ist dies die flehentliche Bitte vieler sehr Armen und treuen Untertanen, die oft unter bitteren Thränen ihr Letztes hingeben mußten, um ihr Leben zu fristen.

In tiefster Ehrerbietung
Euer Kaiserliche Majestät
allerunterthänigst
Einer für Viele

Dokument 10
GStA PK, I. HA, Rep. 89, 858, Bl. 23 *

Oggersheim (Pfalz), den 15. Mai 1907

Allerdurchlauchtigster, Großmächtigster Kaiser und König! Allergnädigster Kaiser, König und Herr!

Ew. Kaiserlichen und Königlichen Majestät Fahrt durch die Pfalz am 8. Mai rief in der Bevölkerung hohe Begeisterung hervor.
Allerhöchst Sie mögen es mir nicht übel nehmen, wenn ich für mein neunjähriges Töchterchen Maria, welches das in beiliegender Zeitung enthaltene Aufsätzchen selbständig fertigte, alleruntertänigst ein Andenken zu erbitten mir erlaube, eine Photographie etwa, die für dieselbe, sowie für meine ganze Familie ein bleibendes, zu innigstem Dank verpflichtendes Erinnerungszeichen wäre an das hochwichtige Ereignis Allerhöchstderselben Durchfahrt dahier.

Ew. Kaiserlichen und Königlichen Majestät alleruntertänigster
Ferdinand Krieger
Kaufmann

Dokument 11
GStA PK, I. HA, Rep. 89, 858, Bl. 21

Schweidnitz, den 12. Februar 1907

An Sn. Majestät den Kaiser von Deutschland,
König von Preussen.

Von einer Reise aus dem Riesengebirge zurückgekehrt, wagt ein treues deutsches Herz, überwältigt von den Wundern der Natur, die erhabene Majestät unseres geliebten Kaisers auf die unbeschreiblichen Reize und die Pracht unseres Gebirges im Winter ganz untertänigst aufmerksam zu machen.
Allein von Schreiberhau via Neue-Schles. Baude nach Neuwelt und zurück gibt es Stellen, an welchen die herrliche Sieges-Allee mit Phantasie-Figuren aus Schnee und Eis verhunderttausendfacht wiederzusehen ist.

Ew. Majestät
treuester Diener
Kaufmann August Kurzbach

Dokument 12
GStA PK, I. HA, Rep. 89, 844, Bl. 12-13

Berlin, den 12.5.07.

An Seine Exzellenz
Majestät Wilhelm II.
deutscher Kaiser!

So wie Ew. Majestät es lieben, in der Welt umherzureisen und sich an der Natur zu erfreuen, so hegen die Endesunterzeichneten den Wunsch, auch einmal ein Stück deutsches Vaterland zu sehen und die Naturschönheiten in Augenschein zu nehmen. Die Berliner Turnerschaft veranstaltet zu Pfingsten eine Turnfahrt nach dem Riesengebirge, an der wir gern teilnehmen möchten. Da wir aber unsere Lehrzeit noch nicht beendet haben, so ist es uns bis jetzt noch nicht möglich gewesen, außer Ersparnissen von 14 M die Kosten zu derselben, die für uns beide 42 M betragen, aufzubringen, und unser Vater ist nicht in der Lage, uns in materieller Hinsicht zu unterstützen. Wir bitten deshalb ehrerbietigst, uns den zu der Turnfahrt noch fehlenden Betrag von 28 M zukommen zu lassen. Indem wir uns der Hoffnung hingeben, daß unser Wunsch erfüllt werden möge, danken wir im Voraus

und zeichnen
voller Hochachtung

Wilhelm u. Otto Köhler
Schlosserlehrlinge.
Berlin S.W 29
Nostizstr. 41, Hof III. Etage

Dokument 13
GStA PK, I. HA, Rep. 89, 859, Bl. 1-2 *

Schöneberg-Berlin den 28. Mai 1907

Allergehorsamste Bitte des
Alleruntertänigst Unterzeichneten

Allerdurchlauchtigster, Großmächtigster, Allergnädigster Kaiser, König und Herr!

Euer Kaiserliche Majestät kommt der alleruntertänigst Unterzeichnete mit folgender allergehorsamsten Bitte.
In der Zeitung las ich, daß Ew. Kaiserliche Majestät mit dem hohen Gedanken umgehen, das unvergeßlich patriotische Bild am Abend der Stichwahlen in Berlin malen und dann vervielfältigen lassen zu wollen. Alleruntertänigst Unterzeichneten wurde nun ebenfalls die hohe Ehre zu teil, nicht nur an dem Zuge vor Euer Majestät Schloß teilzunehmen, sondern ein Glücksfall wollte es, daß mir die allerhöchste Ehre zu teil wurde, als Erster, das an jenem Abend weithin donnernde Hoch auf Euer Majestät ausbringen zu dürfen. Der Anblick an jenem denkwürdigen Abend wird mir wie vielen Anderen ein unvergeßlicher Denkstein in meinem allzeit königstreuen Herzen bleiben.
Euer Kaiserliche Majestät bittet nun allergehorsamst der alleruntertänigst Unterzeichnete ihm ein Bild mit der Unterschrift Euer Kaiserlichen Majestät als unauslöschliche Erinnerung an jenen denkwürdigen Abend übersenden zu wollen und schwöre ich Euer Majestät, daß ich mit Leib und Blut allzeit als erster deutscher Patriot für Euer Majestät Interessen kämpfen werde.

Euer Majestät allzeit getreuer alleruntertänigster
Moritz Hinkelmann
Postassistent
Schöneberg-Berlin
Albertstraße 13 II

Dokument 14
GStA PK, I. HA, Rep. 76, Vc Sekt.1 Tit. XI. Teil V C Nr. 10, Bd. 4, Bl. 35

11.02.1908

To His Imperial Majesty,
The Emperor of Germany

Sire,

I saw in the London Express an article on the interest you are pleased to take in all things pertaining to Aerial Navigation: that being so I venture to lay the following facts before your Majesty, for your kind consideration.
I am an Engineer and Draughtsman, and have an idea or method, which in my opinion would go along way to overcoming most of the drawbacks in the various systems at present in vogue: and I should much like to have the chance of exploiting the same, but being in poor circumstances I cannot afford to do so, nor patent the same.
So with all humility I thought it just possible that your Majesty might order that I come to Berlin to expound my theory to your experts, if so I should be glad of the opportunity of availing myself of it.
Trusting that I may be forgiven any discrepancy of formality in this letter, on the ground that you are the first great Ruler I have ever addressed.

I am,
Your Imperial Majesty's
Most Obedient Servant,
Robert Heinke Fox

Dokument 15
GStA PK, I. HA, Rep. 89, 844, Bl. 126

Schöneberg, d. 17. September 1908

Allerdurchlauchtigster
großmächtiger
Kaiser und König!

Allergnädigster Kaiser, König und Herr!

Alleruntertänigst und gehorsamst
Unterzeichneter kam auf einem Spaziergang durch den Grunewald in den Schloßhof von Euer Majestät Jagdschloß und bewunderte die herrlichen Geweihe vieler von Euer Majestät erlegten Hirsche.

An vielen dieser Geweihe zeigen sich bereits die Einflüsse der Witterung zum größten Leidwesen des alleruntertänigst Unterzeichneten, der sich als Zimmerschmuck nichts schöneres als ein Hirschgeweih denken kann, aber nicht in der Lage ist, sich ein solches zu kaufen.
Er wagt daher die untertänige Bitte auszusprechen:
Eure Kaiserliche und Königliche Majestät wollen gnädigst geruhen, ihm aus dem großen Reichtum an Hirschgeweihen eines zu schenken, bevor sie ganz dem Einfluß der Witterung unterliegen, das den Hauptschmuck des Heims bilden und ihn ständig an den schönen deutschen Wald und an Euer Majestät herrliche Forsten erinnern soll.
Eine gnädige Gewähr seiner untertänigen Bitte erhofft Euer Kaiserlichen und Königlichen Majestät

alleruntertänigster gehorsamster Diener
Hans Klee
Buchhandlungsgehilfe, Schöneberg, Eisenacher Straße 43 IV
Inhaber der Königl. Sächs. Silb. Leb. Rett. Medaille

Dokument 16
GStA PK, I. HA, Rep. 89, 862, Bl. 2-3 *

Erde, d. 1. Nov. 1908
(Wasserkante)

An den lieben Gott.
(zur Zeit unbekannter Aufenthalt)

In Sachen der vorliegenden Bitte habe ich mich zwar bereits an einen der mächtigsten Fürsten deiner Erde gewendet – aber derartige Schreiben sind ja meist nicht vorschriftsmäßig ausgeführt, gehen auch durch so viel irdische Hände, daß es mich nicht wundert, wenn nur immer einer von der Briefe Hundert seinen Zielpunkt trifft.
Ich habe nun in letzter Zeit nach dir, du lieber Gott, recht sehnsüchtig Ausschau gehalten, habe dich gesucht – überall, aber leider ohne dich treffen zu können. Nicht etwa, daß ich sagen könnte: du würdest nicht aufzufinden sein, im Gegenteil – fast überall dort, wo ich dich suchte waren Spuren deines göttlichen Waltens vorhanden, aber dich selbst hätte ich gerne einmal zur Rede gestellt.
Du weißt ja daß ich trotz der biblischen sieben mageren Jahre, die ich nun hinter mir habe, immer noch ein fröhliches Herz im Vertrauen auf Deine Macht habe – wenn auch – doch das weißt du ja alles besser als ich mich wissen kann.
Wenn ich nun im Folgenden meine Bitte etwas umständlich begründe, so geschieht dies nicht etwa weil ich an deiner Allwissenheit zweifle, sondern, da es

doch möglich ist daß einer Deiner Minister die Sache zu erledigen bekommt u. dann brauchst du dem den Fall nichts erst auseinander zu klauben.
Doch nun zur Sache: Im Jahre 1896 vertraute ich dem Preußischen - halt, daß darf ich ja jetzt laut Beschluß des Königl. Landgerichtes in Görlitz v. 12. Oktober 1908 nicht mehr sagen (es kostet mich sonst jedes Mal 100 Mark Strafe)!
Also sagen wir, oder kommen wir auf eine ähnliche Sache zu sprechen: Im Jahr 1896 vertraute ein chinesischer Privatbeamter seine Ersparnisse dem Chinesischen Beamtenverein in Kiautschou, oder wie der Ort sich sonst schreibt, an. Nennen wir den dummen Kerl einfach Li. Also Li fiel darauf hinein seine Ersparnisse dem Chinesischen Beamtenverein anzuvertrauen – weil seine Majestät der Kaiser von China Protector des Vereines ist. Li sagte sich damals daß hier doch alles in Ordnung sein müsse, da ja sonst der Kaiser von China nicht Protector des Vereines wäre.
Fast 10 Jahre hatte Li Einzahlungen gemacht. Inzwischen gefiel es Dir Li mit Faulheit zu plagen (so nehmen wenigstens Li's Verwandte an) und er verdiente nicht mehr so viel daß er sich redlich ernähren konnte. Selbstverständlich konnte er nun auch die Beiträge zur Zwangssparkasse nicht mehr zahlen u. glaubte es nun gerade zu einer Zeit, wo er nötig Geld bedürfe, er würde von dem Chinesischen Beamtenverein dieser den bereits schon geliehenen Geldern noch etwa 1450 Mark erhalten. Als es aber zum Clappen kam, erhielt er etwa nur 14,50 Mark. Offenbar hatt also der große wohlhabende Chinesische Beamtenverein mit Li ein gutes Geschäft gemacht. Seine damalige Zuversicht, daß so etwas unter dem Protectorat des Kaisers von China nicht vorkommen könne, war also eine vollständig falsche gewesen.
Nun kommt die Hauptsache: Inzwischen war Li einem Wucherer in die Hände gefallen, u. der ließ den armen Chinesen nun pfänden u. zwar ‚Im Namen des Kaisers von China'! Die Sache war für den Wucherer aber doch etwas brenzlig: er konnte Li nicht hängen lassen, so gern er es sonst gethan hätte.
Li war aber nicht allein, sondern er hatte eine treue Freundin, die in guten u. bösen Tagen bei ihm ausgehalten hat. Mit ihrer Hilfe konnte Li daran denken seine Schulden allmählich abzuzahlen u. hat nun der Wucherer nur noch 30 Mark rechtmäßig zu fordern (er wird aber wohl noch 100 Mark bekommen müssen, wie er meint, denn sonst wäre er so kein Wucherer).
Inzwischen hatte Li noch einen kleinen Verdienst durch eine Neuheit auf wissenschaftlichem Gebiete erlangt. Er schrieb an eine Reihe der hervorragendsten Städte Chinas u. begründete seine Bitte um Unterstützung (durch Kauf seines Apparats) mit dem Hinweis daß er sich in bedrängter Lage befinde, die verschärft wird durch den Verlust seiner Ersparnisse beim Chinesischen Beamtenverein, dessen Protector der Kaiser von China immer noch sei! – Da hatte Li sich nun in die Nesseln gesetzt. Der Chinesische Beamtenverein verklagte Li beim Kaiserlich Chinesischen Landgericht in Dingsda u. Li soll nun gefangen werden. Im Namen des Kaisers von China!
Also bitte, lieber Gott, sieh dir doch einmal das Urteil vom 12. Oktober 1908 etwas näher an, ob sich da Berufung einlegen läßt. Vielleicht könntest du dir

überhaupt die ganze Juristerei einmal etwas näher ansehen, damit endlich einmal das Sprichwort aus der Welt verschwindet: ‚Juristen, schlechte Christen.' (aber bitte etwas schnell, denn wenn der Termin verpaßt wird, kannst <u>selbst du</u> den armen Li nicht vorm Galgen retten).

Dein Li

Dokument 17
GStA PK, I. HA, Rep. 89, 858, Bl. 28 *

[o.O., o.Dat.]

Eure Majestet

wollen die Gnade haben und dem Polizeipräsidenten die Absperrungsmassregeln verbieten. Die eigentliche Kur leidet sehr unter den Kaiserbesuchen. Ein sehr zweifelhaftes Publikum ist während dieser Tage in Wiesbaden. Huren, Taschendiebe und Speichellecker[,] Hurrarufer und schlechtes Gesindel machen die Stadt zu einem Schmutzkessel, dazu noch die Saurennbahn und die Nachtlokale: das nennt sich Moral und von Gottes Gnaden! Also keine Absperrung, die gab es niemals beim alten Kaiser. Nun noch der Kornblumentag, dessen Ertrag den Damen dient sich Putz zu beschaffen. Diese Schandweiber liefern nur einen kleinen Teil Geld davon ab. Geliebt wird S.M. hier nicht nur umschmeichelt und gehasst. Wirkliche Patrioten gehen während dieser Tage gar nicht auf die Straße.

[anon.]

Dokument 18
GStA PK, I. HA, Rep. 89, 854, Bl. 101-102

Wien, den 21. April 1912

Euer Majestät!
Allerdurchlauchtigster Herr und Kaiser!

Das große Unglück der ‚Titanic' hat in allen Herzen das innigste Mitgefühl erzeugt, besonders mit jenen Armen, die dadurch ihre Ernährer verloren. – Zahllose Menschen fühlen sich gedrängt, diesen Armen zu helfen. –
Der Wiener Blumentag am 20. d. Mts. hat nun ein sehr schönes Resultat ergeben und würde wohl ein gleiches Unternehmen in New-York, arrangiert von einer Hohenzollern- oder Habsburger-Prinzessin, einen ungleich größeren Gewinn

bringen. Eine solche Tat würde auch die Sympathien für das deutsche Volk erhöhen. –

Allerhöchst Euer Kaiserlichen Majestät ehrfurchtvollst ergeben
Annie Hammer

Dokument 19
GStA PK, I. HA, Rep. 89, 853, Bl. 59-61 *

Berlin, den 6. August 1914

Erhabene Majestät!

Allerdurchlauchtigster Fürst!
Grossmächtigster Kaiser, König und Herr!

Der Aufruf Eurer Majestät an das Deutsche Volk gibt mir den Mut, mich alleruntertänigst mit einer herzlichen Bitte zu nahen, deren Erfüllung niemand zum Schaden gereicht, wohl aber mich glücklich zu machen und mit unauslöschlicher heisser Liebe und Dankbarkeit zu erfüllen in der Lage ist.
Der Umstand, dass ich in Euer Majestät seit meiner frühesten Kindheit meinen König erblicke, und dass meine Angehörigen und ich nie anders als monarchisch und religiös gedacht und gefühlt haben, erfüllt mich mit der Hoffnung, dass meine untertänige Bitte wohlwollendes Gehör finden mag, und zwar geht diese dahin:
Mir die preussische Staatsangehörigkeit in Gnade verleihen zu wollen.
Es sei mir gestattet, zur Begründung meiner untertänigen Bitte die Sache im Folgenden des Näheren vorzutragen.
Ich wurde am 20. Januar 1895 zu Berlin geboren und besuche hierselbst seit dem sechsten Lebensjahr das Sophien-Realgymnasium. Am 28. März 1911 erhielt ich das Zeugnis über die wissenschaftliche Befähigung für den einjährig-freiwilligen Dienst und stehe jetzt vor der Reifeprüfung. Ueber meine moralische Führung stehen mir die besten Zeugnisse zur Verfügung.
Ich hatte die Absicht mich nach erlangtem Reifezeugnis freiwillig zum 1. Oktober dieses Jahres zum Militärdienst zu stellen, doch wurde mir auf dem Polizeirevier die Auskunft erteilt, vorher ein Gesuch an den Herrn Polizeipräsidenten der Stadt Berlin um Aufnahme in den preussischen Staatsverband einzureichen.
Obwohl ich in Berlin geboren bin und ohne Unterbrechung hier lebe, meine Erziehung, Ausbildung und Lebensweise, mein Denken und Fühlen ein durchaus deutsches und patriotisches ist – wie könnte es auch anders sein, da ich von Geburt an nichts anderes als deutsche Sitten und Kultur um mich herum gesehen habe – gelte ich leider immer noch nicht als Preusse, da meine Eltern die preussische Staatsangehörigkeit zu ihrem Bedauern noch immer nicht erlangt haben.

Mein Vater ist schon vor 37 Jahren aus Russland in Preussen eingewandert, seit dem Jahre 1886 mit einer Preussin verheiratet, hat aber leider die preussische Staatsangehörigkeit noch immer nicht erlangt. Mein Vater hat seit dem Jahre 1880 seinen Wohnsitz ununterbrochen in Berlin und hat sich noch nie im Leben etwas zu Schulden kommen lassen. Seit dem Jahre 1880 ist er in der Buchdruckerei von H. Itzkowski tätig, in die er nach Verheiratung mit einer Tochter des Inhabers als Mitinhaber eintrat. Er ist Leiter die Buchdruckerei, die auf orientalischem Gebiete zu den ersten Buchdruckereien auf dem Kontinente gehört, und sie hatte schon den Vorzug, von der hiesigen Königlichen Bibliothek sowie von der zu München mit Aufträgen beehrt zu werden.

Habe ich nun in meinem ganzen Leben nicht anderes kennen gelernt als deutsches Wesen, deutsche Sitten, deutsche Kultur und Sprache, und habe ich mir deutsches patriotisches Denken und Fühlen so zu eigen gemacht, dass etwas anderes für mich überhaupt gar nicht in Betracht kommt, umso schlimmer und bedrückender ist für mich das Gefühl:

trotz alledem als Fremder und als schutz- und heimatlos zu gelten, namentlich jetzt, wo ich den sehnlichsten Wunsch habe, dem Lande, in dem ich lebe und dem ich so vieles verdanke, durch meinen Eintritt in das Heer meine Treue zu beweisen.

Als Referenzen für mich beziehungsweise meine Familie gestatte ich mir u.a. anzugeben:
Herrn Geheimen Regierungsrat Prof. Dr. J. Barth
Universitätsprofessor zu Berlin
Herrn Oberlehrer Dr. R. Voigt
Gymnasialprofessor zu Berlin
Herrn Dr. E. Munk
Rabbiner der Israelitischen Synagogengemeinde
Adass-Jisroel Berlin
Herrn Schuldirektor Dr. M. Hildesheimer zu Berlin
Herrn. Dr. M. Petuchowski
Rabbiner der Jüdischen Gemeinde zu Berlin
Infolge der in unserer Familie seit immer herrschenden religiös-orthodoxen Lebensauffassung ist uns schon dadurch als göttliches Gebot eingeimpft worden: der unbedingte Glaube, die Treue und der Gehorsam an das von Gott eingesetzte Königtum und den jeweiligen Träger der Königskrone.
Ich verspreche hoch und heilig, allezeit ein getreuer Untertan Eurer Majestät sein und alles, was in meinen Kräften steht, getreulich erfüllen zu wollen, um den Vaterlande zu nützen.

In untertänigster Ehrerbietung und Ehrfurcht verharrt
Euer Majestät gehorsamster Diener
Gabriel Hurwirtz
Ackerstr. 6/7

Dokument 20
GStA PK, I. HA, Rep. 89, 848, Bl. 157 *

Berlin, 5./6. Mai 1918

Euer Kaiserliche Majestät

erlaubt sich alleruntertänigst Unterzeichnete ihren tief empfundenen und begeisterten Dank für die Kaiserlichen Worte:
‚Sprechen wir lieber unser deutsches Platt' auszudrücken.
Der Weltkrieg mit seinen ungeheuren Erlebnissen hat den Wert der plattdeutschen Mundart eindringlich vergegenwärtigt, alleruntertänigst Unterzeichnete durfte sich davon in ihren, über 350mal ehrenamtlich veranstalteten Lazarettvorträgen überzeugen.
Euer Kaiserliche Majestät patriotischen Worte mußten daher in jeden plattdeutschen Herzen unbeschreiblichen Widerhall finden, und deshalb mit Stolz und sogar Freude erfüllen!
Die Bildungszentrale beim General-Gouvernement in Belgien hat, ‚sobald in Belgien wieder mehr Muse eingetreten ist', das Anerbieten alleruntertänigst Unterzeichneten nach dort zu kommen angenommen, mit den kaiserlichen Worten im Herzen erwartet sie jetzt doppelt sehnsüchtig und ungeduldig die Aufforderung zur Abreise.

Eure Kaiserlichen Majestät alleruntertänigste Dienerin
Elisabeth Hofmeier-Hoffes

„Es lebe die Republik!"
Wilhelm als Kaiser und Mensch

Dokument 21
GStA PK, I. HA, Rep. 89, 15241, Bl. 85 *

Uebersetzung aus dem Englischen [Abschrift]
                                                               Paris, 9 Dezember 1888.
Seiner Majestät König Wilhelm II.
Mein lieber König!

Ich bin soeben von London heute angekommen. Sie kennen mich sehr wahrscheinlicher Weise dem Namen nach. Ich bin ‚Jack der Aufschlitzer', wie die Zeitungen mich nennen, welche meinen wahren Namen nicht kennen. Nächstens werde ich in Berlin eintreffen um dort auch einige Frauen ‚aufzuschlitzen'. (to rip.)
Ich bin sehr betrübt gewesen als ich hörte, daß Sie krank sind und ich kann Ihnen versichern, daß Sie vor dem 1 Januar nächsten Jahres gestorben sein werden; getödtet durch Krankheit oder durch meine Freunde, die ‚Anarchisten' oder, noch wahrscheinlicher, durch mich selbst. Sie sehen folglich, daß Sie weniger gar als einen Monat zu leben haben. Treffen Sie alle Anordnungen für Ihren Tod und beten Sie zu Gott wegen Ihrer Irrthümer. Erhoffen Sie keine Heilung für Ihre Krankheit und thun Sie als ob Sie schon gestorben wären, da Sie Ihrem Schicksal nicht entgehen können.
Leben Sie wohl bis zur nächsten Woche und sprechen Sie hiervon nicht zu Ihren Polizeibeamten, weil Sie mich nicht finden können.

Ihr Freund, der Ihren Tod wünscht und wahrscheinlich Sie tödten wird.
Jack, der Aufschlitzer

Dokument 22
GStA PK, I. HA, Rep. 89, 15241, Bl. 98-99 *

[o.O., o.Dat., Eingansstempel: 15.03.1891]

I.

Wach auf mein alter Kaiser, wach auf vom Schlaf und Tod.
Nun ist's nicht Zeit zum Ruhen, dein Reich ist tief in Noth.
Schlag auf dein Heldenauge, greif dein gewalt'ges Schwert
Streit mit uns – wir – die Deutschland noch halten hoch u. werth.

Du liesest all dein Erbe, in einer kranken Hand,
Die immer schon gebunden von einem Schürzenband.
Und war schon der Gesunde in Britisch-Sklaverei
Den Kranken lies die Buldogge nun und nimmer frei.

So sass auf Deutschlands Throne ein todeswunder Mann.
Man adelt den Minister, der dieses Werk ersann.
Und nun begann ein Treiben, so schmachvoll, roh und wild,
Bis jene Frauenseele die wüste Lust gestillt.

Mein Kaiser, laß mich schweigen von dieser dunkeln Zeit
Wo das Verbrechen machte auf deinem Thron' sich breit.
Nach neun und neuzig Tage[n], da war die Qual vorbei,
Man wähnt' das Weib vernichtet und Alle wieder frei.

Nun kam dein junger Enkel auf Preußens Königsthron.
Gottlob! Der ist gewiss nicht der tück'schen Mutter Sohn,
Der ist ein echter Deutscher, ein Hohenzollern-Aar!
Und tragen wollt' ihn Jeder auf Händen immerdar.

Mit Jubel ohne Ende, in Liebe, fest und treu,
Wir schauten zuversichtlich empor zu diesem Leu
Der deinen Weg erwählte, dir folgen uns versprach.
Herr Gott! Dank deiner Gnade, nun wird es wieder Tag!

Wie ernst der junge Kaiser sein Herrscheramt begann.
Wie würdig seine Reden, er ist ein ganzer Mann.
‚Arbeiten sei die Losung' und ‚Deutschlands Ruhm das Ziel'
Lass schäumen nur die Wogen, es bricht sie doch der Kiel.

Der Kaiser – Deutschlands Kaiser! Er schützt des Reiches Bau
Und ihm zur Seite waltet die freundlich-milde Frau.
Jetzt kehren Zeiten wieder, wo treulich ‚Hand in Hand',
Der Fürst mit seinem Volke aufbaut das Vaterland!

II.

Es saß in ihrer Höhle die wilde Katze grau.
Im Herzen eitel Mordlust, die Augen blinzeln schlau
‚Nur still, wir müssen warten, mit List es fangen an,
‚Verderben will ich Alles, so weit ich reichen kann.

‚Zermalmen will ich Deutschland, an meinen Füssen tief
‚Ich zwinge die nicht kamen, als Bretlands Tochter rief.
‚Zuerst dem eitlen Thoren, den ich muss nennen Sohn
‚Mit seinem ‚Gänsemädchen' ich gebe ihren Lohn.

‚Er wähnt in seinem Dünkel, es kommt ihm keiner nah
‚Unfehlbar sein – ein Päbstlein – das muss man pflegen – Ja,
‚Sein Hochmuth, Trotz, der ganze unbändige, wilde Sinn
‚Soll meiner Rache dienen, ist meinem Hass Gewinn.

‚Noch schirmt ihn fest die Liebe, die Kaiser Wilhelms war
‚Die dummen Leute glauben, ein Mensch, des Herzens baar
‚Kann Bannerträger werden, des idealen Flugs
‚Doch warte nur, bald sehen sie das Bild des hohlen Trugs.

‚Erst gilt es zu entfernen, was irgend Wahrheit spricht
‚Vor Allem, Bismarcks Schatten soll weichen meinem Licht
‚Dem Kaiser soll man schmeicheln bis an des Wahnsinns Rand
‚Und dann ist alles andere nur Wachs in meiner Hand.

‚Ich will ihn dahin bringen, das Jedermann ihn hasst
‚Dass bei dem tollen Treiben, die Wuth die Hirnlein fasst.
‚Ich kenne Grund und Boden, auf dem ich baue still
‚Undankbarkeit und Hochmuth, ausrichten was ich will.

Demütig zog die Bestie, die scharfen Krallen ein
Wie war so sanft das Lächeln, die Miene süss und fein
Und dann begann ihr Wühlen, ihr Untergrabungswerk
Gar sicher nahm die Katze aufs Ziel ihr Augenmerk.

Auf leisen Sohlen schlichen die Helfer dann hinaus
Auf allen Wegen kamen sie in des Kaisers Haus
Ihr Werk war bald beendet, denn schon beim ersten Sturm
Er fiel, wie jeder andere geringe Erdenwurm.

III.

Dein Volk, mein Kaiser wachte, es kannte die Gefahr
Nur <u>einer</u> liess sich fangen, der junge, stolze Aar
Von Stuf' zur Stufe fiel er in seiner ganze Pracht
Wie hat die wilde Katze, so teuflisch dann gelacht.

Nun ist er eine Lüge, ist seiner Mutter Sohn
Und was das uns bedeutet, das weisst du Kaiser schon.
Verrathen sind wir alle im ganzen deutschen Land
Uns bindet das bekannte, schmachvolle Schürzenband.

Vergessen ist längst alles, was uns der Fürst versprach.
Und Stein auf Stein abbröckelt, vom Reich mit jedem Tag
Sein'n Genius siehst du weinen, verhüllt sein Angesicht
Herr Gott! Die Zeit ist furchtbar, wann wird es wieder Licht?

In Pracht und Schulden lebt der, der Sparsamkeit empfiehlt
Die <u>ernst</u> verlebte Zeit er von seinen ‚Reisen' stiehlt
Er spielt mit seiner Krone, wie ein verzog'nes Kind
Und jedes Mahnwort schlägt er hochmüthig in den Wind.

Des Reiches Besten falten die Hände stumm und starr
Jetzt ist das Tollhaus fertig und jeder Mensch ein Narr
Der noch vom zweiten Wilhelm erhofft Verstand, Vernunft
Er steckt mit Haut und Haaren in seiner Mutter Zunft.

Glaub nicht, das nur ein Häuflein so schwarz die Zukunft schaut
Nein viele, viele Tausend, sie jammern – klagen laut
Nur Katholiken, Juden, des Freisinns wilde Heer
Frohlocken, denn nun steigen ja ihre Course sehr.

Es kann nicht lange währen, es wackelt gar zu viel
Der Kaiser treibt ein tolles, ein frevelhaftes Spiel
Fortstossen thut er Jeden, der selbst zu denken wagt
Und ihm wird dann begreiflich die Wahrheit nie gesagt.

Der Jubel der noch tönet, wenn der Kaiser fährt vorbei
Ist nur noch eine Fratze der Begeisterungs-Duselei.
Im Stillen sind die Fäuste geballt, die Augen sprüh'n
Und häufig hört man Worte, die kühner sind als kühn.

[IV.]

Hörst Du die Tannen rauschen an deiner stillen Gruft?
Wehmütig klingt es leise in stiller Abendluft
Ach das sind unsere Klagen, aus allertiefster Noth
Wir weinen um den Kaiser der schlimmer ist als todh.

Oh! treuer alter Kaiser, fass du ihn an der Hand
Und rette dein bedrohtes, dein treues, deutsches Land
Kaum drei Jahr schläfst du stille in deinem Marmorsarg
Für uns war's eitel Sorge, die jeder in sich barg.

Umschwebe ihn in Milde und lass den klaren Blick
Ihm helfen bei der Leitung des Vaterlands Geschick.
Ihm fehlt ja die Erfahrung, die Liebe, tief und rein
Uns ist er Imperator – Oh, - möcht' er Vater sein!

Ach möcht' er doch verstehen, daß er nicht <u>Alles</u> kann
Du liessest gern dir helfen, warst doch ein ganzer Mann.
Dass du geschickt umschifftest so manchen scharfen Riff
War weil du Helfer suchtest mit genialem Griff.

Des jungen Herrschers Throne umgiebt ein ganzes Heer.
<u>Schottmuller</u>, <u>Gossler</u>, <u>Güssfeld</u>, <u>Hinzpeter</u> und noch mehr.
Doch mit Gefühlsausbrüche[n] wird nichts gescheit macht
Wir haben's ja vor Augen, wie der Verfall vollbracht.

Dazu der rohe <u>Versen</u>, im Herzen ganz verthiert.
In solchen Lumpengässchen der Kaiser sich verliert.
Deutschland ist jetzt zum Spotte, es lacht die ganze Welt
Wie wird das Lachen dröhnen, wenn bald das Ganze fällt.

Drum wach nun auf mein alter Kaiser, wach auf vom Schlaf und Tod.
Nun ist's nicht Zeit zum Ruhen, wenn wir so tief in Noth.
Schlag auf dein Heldenauge, greif dein gewalt'ges Schwert
Streit mit uns – wir – die Deutschland noch halten hoch u. werth.

[anon.]

Dokument 23
GStA PK, BPH, Rep. 113, 100, Bl. 298-299

Neunkirchen, Bez. Trier, den 3. Juni 1891
Allerdurchlauchtigster Grossmächtigster
Kaiser, Allergnädigster Kaiser & Herr!

Ew. Kaiserliche Majestät, Allerhöchstdieselben bittet allerunterthänigster Endesunterzeichneter um gnädigste Beantwortung des Nachstehenden.
Gestern Abend [...] kam in einer kleineren Gesellschaft unter anderem auch die Rede auf Ew. Kaiserliche Majestät, besonders auf Ew. Majestät Größe; ich sagte, daß Ew. Kaiserliche Majestät wohl 1.80-1.87 Meter messen würden, was ein bei dem 4. Bair. Inf. Regim. gedienter Herr widerlegte & da er Ew. Majestät in Metz persönlich sah, fest behauptete Ew. Kaiserliche Majestät seien höchstens 1.65-1.68 Meter groß, was mir aber doch ein bißchen zu wenig erscheint, besonders da Ew. Majestät erlauchte Vorfahren & Verwandten fast ohne wenige Ausnahmen eine über die mittlere meist hinausgehende Größe haben; so erschien mir diese Behauptung doch etwas zu gewagt.
Ich erlaube mir daher an Ew. Kaiserliche Majestät die allerunterthänigste Bitte, mir gütigst Ihre Größe mitzuteilen zu wollen.
Indem ich Ew. Majestät für vorstehende Beantwortung & verursachter Mühe allerunterthänigst danke & um Entschuldigung bitte verbleibe Ew. Majestät allerunterthänigster

Wilhelm Ernst Gillmann
z. Diensten [...] Carl Schmidt
in Neunkirchen Bez. Trier

Dokument 24
GStA PK, I. HA, Rep. 89, 725, Bl. 94

Kiel, den 19 August 1891
An Seine Majestät den Kaiser!

Eurer Kaiserlichen Majestät wurde gestern von einem jungen Mädchen eine Bittschrift überreicht. Nachdem dies geschehen wurde das Mädchen von einem übereifrigen Polizisten sistirt und abgeführt.
Diese rohe Handlung wurde von dem zahlreichen Publikum scharf getadelt, zumal jeder Unterthan sich vertrauensvoll seinem Könige und Herrn bittend nahen darf, anstatt alsdann ohne jeglichen Grund öffentlich und Aergerniß erregend forttransportiert zu werden wie ein Verbrecher!

Euerer Majestät allergnädigste Intention dürfte diese Behandlung der armen Bittenden wol kaum entsprechen weshalb diese brutale Handlung des Polizisten auch zu Allerhöchster Kenntniß gebracht wird.

Allerunterthänigst
Jessen

Dokument 25
GStA PK, I. HA, Rep. 89, 15241, Bl. 146 *

New York Sept. 6. 1892
No 135 West 106th Str

Sr. Majestät der Kaiser von Deutschland
Berlin.

Der Unterzeichnete ist 45 Jahre Bürger der Vereinigten Staaten von America, er ist geboren vor 65 Jahren in Göttingen (Hannover).
Bis vor 22 Jahren, das arme Deutschland war uneinig mit seinen dutzend oder mehr Raubrittern. Die deutsche Nation hatte keine Stellung in der Welt, keine Achtung, der Eine war ein Sachse, der andere ein Preuße, ein anderer wieder war Waldecker, ein Braunschweiger Etc und doch sprachen alle dieselbe Sprache. Der Jesus Christ für Deutschland ist der Herr Fürst von Bismarck, der allein hat Deutschland zu einer geachteten Macht gemacht, er ist es, der für Sie (I mean you little Emperor) ein Kaiserreich gegründet hat und aus Dank, wie behandeln Sie (little Emperor) diesen Wohlthäter der Nation im In und Auslande. Sie mein little Emperor sind ein unerfahrener Schlingel, und wenn der Herr Fürst von Bismarck nicht so ehrlich wäre, könnte morgen Deutschland in eine Republic umwandeln, denn das Volk ist mit ihm die allgemeine Meinung in Deutschland und hier in America ist zu Gunsten des Herrn Fürst von Bismarck.
Sie little Emperor, betrachtet Jeder, als einen dummen Schlingel, der durch Zufall der Geburt ein Kaiser geworden ist, wofür er nur Herrn Fürst von Bismarck zu danken hat.
Die Menschen von denen Sie umgeben sind, sind niedrige Schmeichler, Höflinge ohne allen Charakter und um den kleinen Kaiser an Geist, in guter Laune zu erhalten, wird ihn dieser Brief gewiß nicht eingehändigt; da aber der Sectretair des little Emperor über jeden Pfennig Rechnung ablegen muß, mache ich diesen Brief unfrankirt, in der Hoffnung, daß der little Emperor ihn erhält. Ich rate dem kleinen Kaiser nächstes Jahr zur Ausstellung nach Chicago zu kommen; er wird

sich wundern daß 65,000000 Menschen ohne einen Kaiser fertig werden können und viel glücklicher leben.

Ich verbleibe ohne irgend einen Groll
Achtungsvoll
[Vorname unleserlich] Bohrman

Dokument 26
GStA PK, I. HA, Rep. 89, 15241, Bl. 240 *

[o.O., o.Dat., Eingangsstempel: 03.05.1897]

Fool of an Emperor.

You are the greatest idiot + blockhead that ever ruled on any throne. - If I was President of France, or Prime Minister of England I would give you such a fine lickingsome day that would just let you know who you are. - If you come over for the Jubilee I'll send a bullet through your brains, certainly that would be getting one fool out of the way.

[anon.]

Dokument 27
GStA PK, I. HA, Rep. 89, 15241, Bl. 270 *

[o.O., o.Dat., Eingangsstempel: 17.02.1900]

Quousque tandem abutere patentia nostra?!

Mein Herr!

Wann endlich werden Sie aus Ihren altmodischen, überlebten, perückenhaften Zopfverstellungen herauskommen?
Sie haben Deutschland dadurch um 200 Jahre zurückgebracht! Wie Deutschen sind es müde, uns vor der ganzen Welt durch Ihre bombastischen Reden lächerlich machen zu lassen!
Erwachen Sie aus Ihrem bornierten, mittelalterlichen Traum, zur Wirklichkeit des modernen Lebens!

Es lebe die Republik!

[anon.]

Dokument 28
GStA PK, I. HA, Rep. 89, 851, Bl. 133 *

Los Angeles, Cal., June 25, 1905.

His Majesty Emperor William,
Berlin, Germany.

Sir:-

Having read in the Los Angeles Times about your collecting souvenir postal cards, I take the liberty of enclosing herewith three, which I trust will please Your Majesty and add a little to your collection. We have beautiful ones in California.
Am looking forward to visiting my relatives in Germany (descendants of General Dessau) next summer with my sister, if all goes well. It has been one of our main ambitions for a long time.

With very best wishes for every good thing Your Majesty may require, I am, respectfully,

An interested collector,
Anna B. Dessau

Dokument 29
GStA PK, I. HA, Rep. 89, 849, Bl. 62-64

[o.O., o.Dat., Eingangsstempel: 24.04.1906]

My dear Emperor:

Well well so you allow at last to be caricatured – a great stroke of diplomacy – applauded all through the United States and the world at large. Christ considered it beneath Him to take offense at personal remarks an now you are his true follower at least in that respect. The more you follow Him – the higher place you will occupy amongst the rulers and the different classes of people amongst all nations.
Talking about Christ – don't you agree with me that (although many moderns call him a non-practical Genius) He was the most progressive and partly still misunderstood Genius.
For 'thou shallt not kill' stands for the greatest economy besides the spiritual value, and no country can be more prosperous financially than the country with a very limited amount of soldiers (which are absolutely necessary to keep the riotous element in check).

Then – His simplicity of dress and living showed also the undiminishing power of influence on others not withstanding all pomp – all trumpet blasts all drum signals were omitted when He showed Himself to his followers.
Christ – non-progressive? – Indeed not. Even the U.S. president is far behind. Christ was without intention – ages ahead of His time in political economy – and you my dear Emperor are just <u>beginning</u> to be His true follower, for War being declared against you or not:
To kill is after all from a business point alone, against all political economy in the end; you may gain some land by it but you will have to expend more than it is worth – <u>to keep it.</u> So in the end – you are out of pocket besides having harmed your better self and the hearts of millions of people.

A true friend

Dokument 30
GStA PK, BPH, Rep. 53 J Anonyma, Bl. 1-2 *

[o.O., o.Dat.]
Dem Kaiser!

Wenn Sie nur Amerikaner brauchen können, so raten Ihnen <u>deutsche</u> Männer doch gefl. nach Amerika auszuwandern: wir brauchen <u>solchen</u> Kaiser nicht! Und dabei reden Sie noch von vaterlandslosen Gesellen?
Seien Sie nur erst deutsch besser als laiernhaft zu kritteln.
Sorgen Sie dafür, die in einer ‚deutschen' Stadt wie Berlin die hundertfachen franzős. + englischen Aufschriften verschwinden, die ein europäischer Skandal sind.
Immer deutsch, <u>deutsch</u>, mein Herr deutscher Kaiser. Nur nicht immer anderen nachlaufen, wie ein commens voyageur (so nennt man Sie im Auslande). Und wenn Sie nur Amerikaner brauchen, so werden wir deutsche Männer ohne Kaiser weiterkommen; wenn Ihr Tron wackelt, entsinnen Sie sich vielleicht, daß es noch deutsche giebt!
Der vaterlandslose Geselle sind Sie, nicht die deutschen Männer. Wundern sich aber nicht, wenn wir auf das Kaisertum + die ganze verfranzösirte + verengländerte Fürstensippe pfeifen.
Deutschland über alles – aber ohne nachahmenden Kaiser.

[anon.]

Dokument 31
GStA PK, I. HA, Rep. 89, 851, Bl. 21 *

Grand Rapids, Mich.
May, 16th, 1906

To His Majesty,
The Kaiser of Germany

Honored Sir,

Hearing that you were collecting souvenir postcards, with true American democracy, I take the liberty to send you two. The first symbolizes the friendship between Germany and America in extending hands across the sea. The second is an entrance to one of the parks in our city. These cards are American made although our best ones previously, came from Germany.
I would appreciate very much, a few German cards and should you like would send more of our city.

Yours very truly,
Louis Middleton
87 Madison Ave.
Grand Rapids,
Michigan,
U.S.A.

Dokument 32
GStA PK, I. HA, Rep. 89, 858, Bl. 45 *

München, 23. Okt; 06

Mein lieber Kaiser!

Vor einigen Tagen las ich du hättest dich wegen verschiedenen Vorfällen, betreffend Politik, geärgert. Das war unnötig; denn du hast bei deinem geraden Sinn keine Enthüllungen zu fürchten u. von den beinahe 60 Millionen Deutsche werden gewiß der allergrößte Teil dir vertrauen, u. wenn es sein muß, für dich sterben.
Ich freue mich, dich im November in unseren Mauern zu sehen, denn seit 1897 als ich als bayr. Jäger vor dir und Kaiserin Victoria präsentiert habe (Nürnberg) sah ich dich nicht mehr.

In tiefster Ehrfurcht
grüßt dich und die deinen
Fritz Müller
Gasmonteur

Da mir der höfische Stiel ziemlich fremd ist, wählte ich diese Schreibart, zumal es sich so besser reden läßt, und bitte deshalb um Entschuldigung.

Dokument 33
GStA PK, I. HA, Rep. 89, 15242, Bl. 8-9 *

[o.O., o.Dat., Eingangsstempel: 25.10.1908]

Worin besteht Ihr Leben? Aus albernsten Kundgebungen bornirtester Eitelkeit! Der Inhalt der beiden Bücher: der grosse König Patacake und W.II and his Consort ist tief ins Volk eingedrungen. Sie sind lächerliche und ekelhafte Persönlichkeit geworden. Dies bezeugen die Äusserungen die man vor Schaufenstern vor Ihren widerlich possenhaften Photografien hört. Nur noch vor dem Affenhause im Zoologischen Garten hört man ähnliche Äusserungen. Beobachten Sie doch mal Ihre nächste Umgebung, die sich des Kicherns ja nicht mehr erhalten kann wenn Sie Ihr dummes Gewäsch über alles und jeden machen. Wirklich gelernt und verstanden haben Sie doch nichts. Sie sind eben durch und durch von oben bis unten breit und quer ein Arschloch.

[anon.]

Dokument 34
GStA PK, I. HA, Rep. 89, 865, Bl. 1 *

[o.O., o.Dat., Eingangsstempel: 25.02.1909]

an
sr. majestät den deutschen Kaiser
und König fon preußen
wilhelm II,
in berlin;

got grüße sr. majestät,
ich kans nicht unterlaßen dafür dank zu sagen das sr. majestät zu meiner hart bedrängten faterstadt werben a elbe, in meine heimat sandte seinen hoen son zu helfen, zu retten und lindern mit gnadenkräften der libe fom tron,

das möge auch der libe got lonen,
dafür solt ir im himmel wonen;
und was ir tut an werben,
dafür solt ir seligkeit erben;

der libe got segne und behüte sr. majestät, seinen gotbegnadten tron, seine libefolle hoe familie, sein land und folk;

in jesu got befolen
gustaf nagel
wanderprediger.

Dokument 35
GStA PK, I. HA, Rep. 89, 845, Bl. 156-157 *

Dampfer ‚Göben'
Den 24 März 1909.

Wie man Briefe an Kaisern schreibt, weiß ich nicht, nur das Eine weiß ich, daß ich es allzu gerne wagen möchte und Ihnen, sehr verehrte Majestät meine tiefen Gefühle für sie auszusprechen.
Ich bin eine 24 jährige Kosmopolitin. Mein Vater war Russe meine Mutter Französin geb. Gräfin de Ronchelle. Ich verlebte meine Lebensjahre [...] in Egypten China Japan, Deutschland und England, und bin nun auf dem Wege nach Shanghai einen Deutschen zu heiraten.
Den Umstand, daß ich damit eine Reichsdeutsche nun werde, habe ich bis jetzt, offen gestanden nicht sonderlich erfreulich begrüßt. Weil man doch nicht immer nur Günstiges von den Deutschen hört. Meine Reiselektüre hat mich aber eines Besseren belehrt. Ich las Mr White's Erinnerungen aus seinem Diplomatenleben. Und bin von seiner Auffassung über die Deutschen u. ihrem Lande sehr entzückt. Darin fand ich auch eine vorzügliche Charakteristik des deutschen Kaisers Wilhelm II. Und war beim Durchlesen derselben so begeistert, daß ich nicht anders kann, als Ihm jubelnd mein Glück und meinen Stolz, so einen Kaiser bald mein eigen nennen zu dürfen, mitzuteilen!
Ja, meine Liebe zum Kaiser geht sogar so weit, daß ich jetzt schon mit dem Gedanken umgehe meine zukünftigen Buben zu echten braven deutschen Soldaten für meinen Kaiser heran zu erziehen!!
Dieses schreibt in großer Begeisterung tiefer Verehrung u. aufrichtiger Liebe für den deutschen Kaiser

Valeria Bobojesov
recte Frau Hermann Arlt Shanghai.

Dokument 36
GStA PK, I. HA, Rep. 89, 858, Bl. 49 *

An Ihre Kaiserliche Majestät.
Ried, bei Thun, den 22. April 1909.

„der deutsche Kaiser, abstinent" so stand zu lesen im Tageblatt der Stadt Thun. Sollte es möglich sein?
Tausende von Männern und Frauen kämpfen, wie ich, aus aller Kraft gegen den schlimmsten Feind der Menschheit für das Wohl des Volkes, ihrer Kinder und das eigene Glück.
Aber was bedeutet das im Vergleich zu dem Beispiel eines Mannes auf dessen Tun und Lassen die Augen der ganzen Welt gerichtet sind?
Ist die Nachricht der Wahrheit wirklich entsprechend, dann wird Ihre Majestät dereinst in Frieden sterben, denn dieser Entschluß allein wird genügen Sie unsterblich zu machen.
Ich kann nur wiederholen was ich darüber an meine Verwandten in Hamburg (Edye, Inhaber der Firma Slotmann jun. u. Co) schrieb. „Sein Andenken wird alle Stein- und Erzdenkmäler überdauern." „Wilhelm der Weise wird das Volk ihn einst nennen, den Unglück, Krankheit, Laster und Verderben hat er durch sein leuchtendes Beispiel bekämpft.

In Ergebenheit: Sophie Crasemann Hügli

Dokument 37
GStA PK, I. Ha, Rep. 89, 852, Bl. 69-70 *

Eure Kaiserliche und Königliche Majestät.
Brünn, 24. December 1912.

Schwere Tage sind an der österreichisch-ungarischen Monarchie vorübergegangen und ein böser Krieg ist uns und damit Europa erspart geblieben. Daß dies geschah, verdanken wir in erster Linie der Friedensliebe unseres allverehrten Kaisers. Doch, daß unser Kaiser mit solcher Kraft und solchem Glauben an dem Gedanken des Friedens hieng, war nur möglich, in dem Bewußtsein, an seiner Seite einen Bundesgenossen von in der Geschichte einzig dastehender Bundestreue und Kraft zu haben.
Gestatten
Eure Kaiserliche und Königliche Majestät allergnädigst, daß Eurer Majestät ein Mann tiefgefühlt Dank und Bewunderung ausspricht, der mitten im Handelsleben der Monarchie steht, der Treue daher in erhöhtem Maße zu schätzen und

zu ehren weiß und der am besten den Wert der Segnungen des Friedens empfindet.
Mit dem Wunsche, daß Gott Eure Kaiserliche und Königliche Majestät zum leuchtenden Vorbilde jedes einzelnen für Treue auf ungezählte Jahre zum Heile Eurer Majestät Völker erhalten und beschützen möge bin ich Eurer Kaiserlichen und Königlichen Majestät

tief unterthäniger
Eduard Wihan junior.
Bankier in Brünn

Dokument 38
GStA PK, I. HA, Rep. 89, 848, Bl. 56-57

Köpenik 2.12.13

Seiner Majestät dem Kaiser.

Die Jahrhundertfeier erinnert mich an meinen lieben Vater, derselbe ist 1791 bei Magdeburg geb. Er wurde Soldat und hat tapfer mitgekämpft für sein Vaterland. Er hat in Potsdam erste Garde Regiment zu Fuß gedient und 1813.14.15 mitgefochten, den Einzug in Paris hat er auch mitgemacht und uns Kinder oft erzählt wie der König gerufen hat Stabs Hoboist [?] Krause den Pariser Einzugs Marsch spielen. Er wurde am 2ten Mai in der Schlacht bei Großgörschen verwundet, durch jedes Bein eine Kugel. Er hat lange im Lazarett gelegen. Die Ärzte erklärten, in dem einen Bein wäre der Brand und es muß amputiert werden. Er wollte aber lieber sterben als sein Bein verlieren. Die Ärzte haben das Bein auseinandergespalten und fanden ein Stück vom Stulpenstiefel. Die Heilung ging dann von statten! Er ist dann noch sieben Jahre Soldat gewesen.
Bei der Beisetzung der hochseligen Königin Louise ist er auch gefolgt. So lange er lebte hatte er das Bild der Königin über seinem Bett zu hängen. Er hatte mehrere Orden, das eiserne Kreuz, den russischen Georgen Orden usw. Er hatte geheiratet und hatte 11 Kinder 7 Knaben und 5 Mädchen.
Von allen bin ich noch die einzig Lebende. Ich wurde im August 78 Jahre (1835 geb.). Mein Vater starb 1872 und wurde am 10 März beerdigt. Mein Mann hat auf 10 Jahre bei der Marine auf Kriegsschiffen gedient Er hat 1870 den Krieg mitgemacht. Später war er auf der Görlitzer Hafen Stations Beamter und hat oft Kaiser Wilhelm 1 und auch Kaiser Friedrich befördert. Ich hatte 6 Kinder wovon mir ein Knabe am Leben blieb. Er wurde Chemiker und schon mehrere Jahre Leiter einer Chemischen Fabrik. Vor vier Jahren stürzte er in den Savoyer Alpen ab. Nun bin ich ganz allein und danke oft all meinen Lieben die dahin sind.
Die jetzigen Feiern brachten vieles was mich an meinem lieben Vater seinen begeisternden Erzählungen von damals erinnert.

Da ich aus den Zeitungen erfahren habe daß Ew. Majestät sich für die Jahrhundertfeier interessieren erlaube ich mir alleruntertänigst obige Zeilen zu übersenden.

Ww. Gley
geb. Menz
geb. in Potsdam
Cöpenick
Gutenbergst. 14

Dokument 39
PA, R 3823, Bl. 174-175 *

Casapaloa, den 3. Januar 1917.
An Seine Kaiserliche Majestät Wilhelm II von Deutschland.

Wollen Eure Kaiserliche Majestät hiermit den aufrichtigen Ausdruck der Sympathie seitens einer bescheidenen kleinen Peruanerin entgegennehmen, die Eure Majestät von Herzen bewundert?
Es ist keine Zudringlichkeit, das was der freiwillige Drang eines Herzens ist, das Eure Majestät liebt, ohne Allerhöchstdieselbe zu kennen. Mehrere Male habe ich versucht, das tiefe Gefühl meiner Bewunderung und Sympathie zu erkennen zu geben, aber die Furcht zu belästigen hat mich an der Ausführung verhindert. Obwohl ich heute noch dieselbe Besorgnis hege, wage ich es im Vertrauen darauf, dass wohlwollend der kühne Drang eines jungen Mädchens versiehen werden wird, das Euere Majestät liebt und sehr verehrt.
Es sei mir gestattet, rücksichtslos die ganze sympathie einer treuen Seele zum Ausdruck zu bringen und aufrichtig zu versichern, dass während der langen Dauer dieses großen Krieges meine Bewunderung Euerer Majestät und Allerhöchstderen Untertanen gegenüber nicht einen einzigen Augenblick nachgelassen hat. Ich bewundere Euch, weil ihr klug und tapfer seid und ich liebe Euch wegen Eueres Edelsinns und Eueren Grossmuts.
Zum Schluss bitte ich um Verzeihung. Ich bin eine schwache Frau, fast ein Kind, das keine Zeit mehr verstreichen lassen kann, ohne seiner Liebe und seiner Sympathie auszudrücken und glühende Gebete an Gott zu richten damit dieser ferne und bescheidene Tribut der Sympathie vor Euerer Majestät der Träger des verdienten Sieges sei.

Euerer Majestät untertänigste Dienerin
gez: Grimaldina Pardo Figueroa

Sr. Majestät Kaiser Wilhelm II:

Die Unterzeichneten bitten
unseren lieben Kaiser, bei
Ausbruch des Krieges sie in
sein Heer aufzunehmen, damit wir mithelfen kön-
nen unser Vaterland
zu verteidigen. Ich bin
13 Jahre alt und mein
Bruder Eduard ist 11 Jahre
alt. Wenn wir auch noch
etwas jung sind, so ha-
ben wir doch Mut für
zwei.
Mit aller Hochachtung verbleiben wir Ihre treuen
Untergebenen.

        Fritz Ollig. Eduard Feld-
        Quartaner des Friedr- mann.
        Wilhelm Gym= Sextaner des Friedrich
        nasiums zu Trier. Wilhelm Gymnasiums
                                    zu Trier.

37924

„Lieber Kaiser Wilhelm"
Kinder und Jugendliche

Dokument 40
GStA PK, BPH, Rep. 113, 104, Bl. 123-124

Berlin, den 16.I.1895

Mein lieber, hoher Kaiser!

Mit einer großen Bitte nahe ich dir. Ich möchte so gerne eine große Künstlerin werden aber ich habe keinen Flügel und kann daher nichts lernen Meine Mutter würde mir, wenn sie einen Flügel hätte, Unterricht im Klavierspielen geben. Hast du vielleicht einen alten Flügel? Ach bitte, bitte leih ihn mir doch, ich möchte so gerne etwas lernen. Du glaubst gar nicht wie einem zu Mute ist wenn man den drang hat die Musik zu studieren und kein Instrument hat; ich bin ganz unglücklich, daß es mir so geht. Alle Menschen sagen, daß du die Musik so sehr liebst und du ein gutes Herz hast und vielen Menschen hilfst du wirst mir gewiß auch helfen, ich bitte dich so sehr, sehr. Meine Mutti kann mir doch keins kaufen und wenn ich groß bin dann möchte ich sie doch gerne unterstützen. Ach hilf mir doch bitte, bitte. Ich habe schon einmal angefangen zu lernen, da war ich aber erst sechs Jahr alt. Mama hatte zu der Zeit einen Flügel aber jetzt sie alles verloren und einen Papa habe ich auch nicht mehr. Bitte leih mir doch einen Flügel du hast vielleicht einen; ich möchte so gerne eine große Künstlerin am Königlichen Opernhaus oder am Schauspielhaus werden ich habe so große Lust dazu du sollst dich später freuen, wie fleißig ich gewesen bin und wie viel ich gelernt habe.

Bitte schreibe mir recht bald, ob du so gütig sein wirst, ich ich warte mit Ungeduld und freue mich schon sehr.

Deine stets dankbare
Edith.

Meine Adresse ist:
Edith Krüger
N.W.
Claudiusstraße III.
Gartenhaus I.

Dokument 41
GStA PK, I. HA, Rep. 89, 854, Bl. 119

Nürnberg, den 28. Oktober 1905

Lieber Kaiser!

Ich hätte die einzige Bitte an Euch zu richten, daß sämmtliche 6. und 7. Klassen von Deutschland gegen die englischen Knaben einen Krieg führen dürften. Jeder von uns sollte zwei Säbel aus spanischem Stohen [?], welches oben umgebogen ist haben. An jeder Seite eines. Wir würden es ganz sicher gewinnen, und den Engländern ihre Hosen ausklopfen, da wie bekanntlich die Soldaten von England zu Land gar nichts taugen und wert sind. Wir bekommen einen Haß auf dieses Volk, denn sie wollen Frankreich aufhetzen, daß beide Länder sich Schaden antun sollen, und England trägt dann doch wieder den Nutzen davon. Es würden wohl viele Schulbuben dabei sei, die gerne die englische Jugend aushaut. Gewähre uns doch diese Bitte.

Hochachtend
Ludwig Wende
Nürnberg

Schüler im Sielischulhaus
Klasse VII.
bei Herrn Lehrer Krebenditscher

Wohnung: Nürnberg
Fürtherstraße 94 II. Stck.

Restaurant: Russischer Hof

Ich hoffe sicher auf Antwort, damit wir bald anfangen können.

Dokument 42
GStA PK, I. HA, Rep. 89, 854, Bl. 180

Berlin, den 23.2.1906
Euer Majestät!

Wir, Schüler der städtischen Pflichtfortbildungsschule zu Berlin, bitten Seine Majestät zu veranlassen, daß die Fortbildungsschule am 26. Februar geschlossen bleibt, da die Schüler den Einzugsfeierlichkeiten beiwohnen möchten.

In aller Hochachtung
P. Hentschel
F. Metzko

Dokument 43
GStA PK, I. HA, Rep. 89, 859, Bl. 27-28 *

Lieber Kaiser.

Wir haben in Wiesbaden einen Sozialdemokraten und wollten doch Bartling haben. Es ist schrecklich, das nächste Mal pasiert es nicht mehr, alle Kinder haben heute arg geschimpft über den Lehmann.
Lieber Kaiser komme doch ja im Mai her. Wir freuen uns alle so, wenn du hier bist. Ich habe dich so lieb und Heinz und Ilse auch. Wir sind ausgezogen und können dich von unserem Fenster nicht mehr sehen, dann kommen wir aber ans Schloß. Bringe bitte auch die liebe Kaiserin mit. Also lieber Kaiser sei nicht böse über den Sozialdemokraten, wir können nichts dafür. Wenn die umliegenden Dörfer und Städtchen des Wiesbaden nicht mitgewählt hätten, wäre Bartling es auch geworden.

Herzlichen Gruß geliebter Kaiser von deinem
Max Landar
Friedrichstraße 37 I.

Ich komme Ostern aufs Königliche Gymnasium.

Wiesbaden den 6 Februar 1907.

Dokument 44
GStA PK, I. HA, Rep. 89, 858, Bl. 26-27 *

High Wycombe, den 25.9.07

Lieber Kaiser!

Da es öffentlich bekannt ist, daß Sie im November nach England reisen wollen, möchte ich Sie recht herzlich um etwas bitten.
Ich bin dort in der Schule zu High Wycombe, und bin die einzige Deutsche unter etwa zweihundert Engländerinnen. Da geraten wir manchmal hart an einander, und es entspannen sich oft mündliche Kämpfe zwischen Deutschland und England. Darum möchte ich Sie bitten doch einmal zu uns zu kommen; denn wenn die Mädchen Sie sehen werden sie gewiß günstiger für Deutschland gestimmt sein. Ich habe Sie schon einmal gesehen, im Januar in Berlin, aber da stiegen Sie nur in Ihr Automobil. Sonst hat niemand hier Sie je gesehen, nicht einmal eine der Lehrerinnen.
High Wycombe ist auch garnicht weit von London entfernt, höchsten eine Stunde mit der Bahn. Bitte kommen Sie doch, wenn es Ihnen möglich ist.

In deutscher Treue
Marie Könitzer
aus Zittau.

Dokument 45
GStA PK, I. HA, Rep. 89, 845, Bl. 145-146

Sontheim a.d. Brenz, den 12. Dez. 1907.
An Sr. Majestät den deutschen Kaiser in Berlin!

In großer Angst um Euer Majestät teures Leben wage ich es, einen dieser Tage gehabten Traum mitzuteilen. Es hat mir geträumt, Eure Majestät haben geschlafen, ich sah deutlich im Traume drei Wächter abziehen u. darauf schlich ein vermummter an Euer Majestät Bett zog einen Dolch unter seinem Mantel hervor u. stieß denselben in Euer Majestät Brust. Beim ersten Stoß erwachten Euer Majestät u. seufzten schwer darauf führte der Mörder den zweiten Dolchstoß aus u. Euer Majestät waren dann todt.
Nach diesem schrecklichen Traum erwachte ich u. war lange Zeit in großer Aufregung; nach einigen Stunden konnte ich wieder einschlafen. hatte darauf wieder zum zweiten Mal genau denselben Traum, nur ist beim zweiten Traum der Mörder nicht entkommen, sondern man hat denselben unter großem Geschrei festgenommen u. entpuppte sich derselbe unter seinem schäbigen Gewand als ein schön gekleideter Herr, in Uniform u. schrie das Volk es sei ein Hofbeamter. Ich

bitte Euer Majestät herzlich um Entschuldigung daß ich mir die Freiheit nehme dieses zu schreiben. doch die Angst zwang mich dazu.
In großer Verehrung begrüße ich Eure Majestät herzlich

Clara Haller. aus Sontheim a.d. Brenz
Schülerin der Töchterschule Heidenheim a.d. Brenz
Württemberg

Dokument 46
GStA PK, I. HA, Rep. 89, 848, Bl. 49 *

[o.O., o.Dat., Eingangsstempel: 05.11.1908]
Ew. Majestät Kaiser Wilhelm II.

Die Unterzeichneten bitten unseren lieben Kaiser, bei Ausbruch des Krieges sie in sein Herz aufzunehmen, damit wir mithelfen können unser Vaterland zu verteidigen. Ich bin 13 Jahre alt und mein Vetter Eduard ist 11 Jahre alt. Wenn wir auch noch etwas jung sind, so haben wir doch Mut für Zehn.
Mit aller Hochachtung verbleiben wir Ihre treuen Untergebenen.

Fritz Ullig. Quartaner des Friedrichwilhelm Gymnasiums zu Trier
Eduard Feldmann. Sextaner des Friedrichwilhelm Gymnasiums zu Trier

Dokument 47
GStA PK, I. HA, Rep. 89, 845, Bl. 224-226

Sr. Majestät dem Kaiser.

Weil ich Ew. Majestät so sehr lieb habe, schreibe ich Ihnen, Herr Kaiser, diesen Brief. Hoffentlich nehmen Sie es mir nicht übel. Ich würde mich furchtbar freuen, wenn ich von meinem geliebten Kaiser eine Antwort bekäme, aber Majestät werden wohl viel zu tun haben und mir deshalb meinen Wunsch nicht erfüllen. Ich lese öfter die Zeitung und ärgere mich jedesmal über die vielen Feinde, welche unser Vaterland bedrohen, besonders aber über die Russen. Ach, wenn ich doch ein Junge wäre! Wie gern würde ich für meinen lieben Kaiser und König kämpfen! Leider bin ich aber nur ein kleines Mädchen, welches noch nicht konfirmiert ist. Ebenfalls ärgere ich mich über die Sozialdemokraten, daß dieselben gegen Ew. Majestät sind, kann ich einfach nicht verstehen. Ach, wenn die Menschen doch alle so dächten wie ich! So einen frommen, klugen Kaiser, wie wir ihn haben, müßten sich doch Alle zum Vorbild nehmen. Ich denke sehr viel an Ew.

Majestät, auch bete ich für Ihr Glück, und daß uns solch guter und herrlicher Kaiser noch recht lange erhalten bleibe. Voriges Jahr im Herbst war ich in Berlin. Leider waren Sie, Herr Kaiser nicht da. Ich hätte Ew. Majestät gar zu gern gesehen.
Indem ich mich Ihnen zu Füßen lege, verbleibe ich

Ihre ewig getreue Unterthanin
Irma von Prittnaitz-Gaffron

Schloß Kasimir
Kreis Leobschütz
Oberschlesien
den 22. Mai 1914

Dokument 48
GStA PK, I. HA, Rep. 89, 870, Bl. 7 *

[o.O., o.Dat., Eingangsstempel: 18.08.1915]

Lieber Kaiser Wilhelm!

Liebend schau'n wir auf zu Dir;
Denn vom Lehrer wissen wir,
Wie Du jedem braven Kind
Bist geneigt und wohlgesinnt.
Nun weilst Du im Kriege fern,
Und da wollten wir so gern
Auch ein kleines Liebeszeichen
Dir zum Gruße überreichen.
Gold fehlt uns und Edelstein,
Was nun aber sollt es sein? –
Schließlich haben wir gedacht,
Daß es Dir wohl Freude macht,
Wenn mit unsern kleinen Händen
Wir Dir ein paar Strümpfe spenden.

Und so griffen wir voll Freude
Nach den Nadeln und der Seide.
Jede von uns hat beglückt
Eine Maschenreih' gestrickt.
Doch wir webten in die Reih'n
Heiße Wünsche mit hinein:
Mög' auf allen Deinen Wegen
Dich begleiten Gottes Segen!
Möge Gott, so reich an Gnaden,
Auch die tapferen Soldaten
Nehmen unter seinen Schutz,
Brechen unsrer Feinde Trutz,
Daß ein schöner Sieg und Frieden
Bald dem Lande sei beschieden!

Die Schülerinnen der Kaiser Wilhelmschule
zu Sonneberg in Thüringen

Satow i/Mecklbg d 28 Januar 1907.

An
Se. Majestät den Kaiser von Deutschland

Und wenn die Welt voll Sozis wär
Und wollt uns gar verschlingen,
So fürchten wir uns nicht so sehr. —
Es wird ihnen nicht gelingen;
Der Sozi ist bereits Held,
Wenn er sich auch so stellt.
Kaiser Wilhelm ist vom Hohenzollern Sohn
Und sitzet fest auf seinem Thron,
Der wird sie schon bezwingen.

Ew Majestät allerunterthänigst
zugeeignet von
Herrmann Zimmermann
Chausseewärter – Satow

5856/07

„Folgen Sie dem guten Rathe eines deutschen Mannes"
Politische Anliegen

Dokument 49
PA, R 3818, Bl. 19 *

Paris, Feb 22 1891

Sire:

159 years ago was born one of the greatest of men – Washington, whose name will be when Napoléon + Bismarck are forgotten. Be yours the part to act that your own name may have like immortality. Would you strengthen your Empire + remove festering sore, voluntarily return Alsace + Lorraine to France + your name is immortal, + disarmament is seamed.

With high respect
Chas. D. Bird

Dokument 50
PA, R 3818, Bl.67-68 *

Babbacombe, Torquay
15. Sep 1892

His I. Majesty
Emperor of Germany.

Sir

May I venture to address Your Majesty a few lines in reference to Britain's attitude towards Germany. Whatever course our government may take in this matter. Your Majesty may be assured that if they adopt a strong policy in opposition to Germany, I promise they shall not remain long in power; and I would therefore suggest that if they do this – Germany shall avoid to retaliate in any form to annoy or imitate the British. Only wait the reaction. Your Majesty may rely on the fact – Germany + Britain shall be as one by the time of trouble.

The celerity with which Russia took advantage of the entering into power of Mr. Gladstone, proves to Your Majesty my oft repeated warning – 'Do not trust the Czar.'

Believe me to be, Sir
Your Majesty's most
humble servant
A. Borel Morthlew

Dokument 51
PA, R 3819, Bl. 174-175 *

[o.Dat., Eingangsstempel: 15.11.1897]
20. Rue Leuliette
Boulogne sur mer France

H.M. The Emperor of Germany
May it please your Majesty

Sir:

Will your Majesty permit me as an American citizen to point out a policy which would add to the laurels of every country except England + which, better still, would prevent that proud band of freebooters from ever again claiming to own half the whole + to terrorize the other moiety.
To put the plan shortly, it is that all civilised peoples should declare war against England + nearly all have a gigantic interest in doing so. Lord Salisbury's recent bosh about England holding her own is mere froth, she could not against such forces as Your Majesty if you chose could exert against her.
In the first place in Africa, the Germans are confronted by the ever encroaching Britons. Their half-brothers, the brave Boers, have trashed + beaten them back twice + Portugal (whom Lord Salisbury was about to smash when the British fleet trained its guns three years ago on Lisbon) stands convenient with its East African Colony. The Boers are armed to the teeth + a lighted match has but to be thrown by Your Majesty there, to set the British hats afire + their freebooting soldiers running.
Then Russia would gladly relieve the haughty Britons of India + [...] Afghanistan is non too well disposed to the tyrants of Calcutta who pull the strings too tightly. British Columbia + Canada, we Americans, have too long submitted to the presence of England ashore our continent + if the blow had to be struck, it would be glady done.
Then France hates England with a venom nothing can excel and in Egypt a rapture might occur at an home's notice. The French have also a long account to set-

tle with England + I am sure that a slight concession by Germany would make of France a firm + constant friend.
The British Fleet, powerful as it is, could <u>never</u> withstand a combination like Europe + America + the rich islands such as Ceylon, Malta, Mauritius would have good puzzle.
To isolate <u>England</u> that is the key note of good diplomacy.
She is arrogant to a degree + when Goschen insulted Your Majesty two years ago, then was the time to have struck the blow. It is however far from too late + with great respect + veneration I venture to suggest that concessions should be made to Russia + France, that America should be roused (an easy matter against England) and that Portugal + Turkey be enlisted to defeat the Common Enemy.

I beg to remain Sir
Your Majestys humble + faithful Servant
Hiram H. Travers
(of Boston, Mass)

Dokument 52
PA, R 3820, Bl. 49-54 *

Phila 9/17/98
Emperor of Germany
Dear Sir,

with all due honor and respect to your Excellency I venture to write you this highly important letter as it is a matter of conjecture as to how it will be received etc. it. I deem at prudence to make this first communication very brief.
[...] The colored people in the United States are and have been for the past 25 years very much dissatisfied[,] the same is growing worse with the passing hour. The dissatisfaction has grown out of way way [sic!] in which the white people have so skillfully deprived us of our deserved <u>Rights</u>. Politically – Socially - + Individually. The system which they imploy to accomplish their end we calculate will keep us down for ever unless we rise up in arms in a regular insurrection and demand what we want. This is a very difficult task for us to do as we as roll are pennyless we have never been given a chance to accumulate. The fact is it will take a great amount of money and we must as we are doing seek the aid of some Large and powerful nation both financially and otherwise before we make our intention known in the country as it would mean sure death by starvation and by violence to each + every colored person in United States. The Americans are not a bit better in this direction than the Spaniards were. Just think of it Americans taking up arms to prevent a nation from doing just what they are doing themselves. The

american cry is humanity. Why they are abusing the word to think it much less declare it. We think humanity at home first than abroad. [...]
It is my belief that other countries have no official knowledge of how nearly ten million of Negroes are treated here. Following I will sketch you a very small mite of their treatment. In seven eights of the Cities + Towns in U.S.A. if any crime as depredation is committed a mob goes and gets a colored person who is generaly innocent + hang him to a tree in full of his wife and children. in Cities + Towns in South they cant walk on sidewalk of street. [T]hey are not given any inployment except that which the white man stand cant get no political position except of commonest kind and very few of them. The white scarely want to converse with the colored except it to his political & financial interest no mechanic is given imployment in the north and west part of country white mechanics refuse to work with them.
[W]e are only allowed to come into a white mans store because of the money we we [sic!] spend there then we are snubbed and treated in a sarcastic manner. [C]ant ride in railroad cars with whites cant go into whites churches and many other things which can be related and explained if there is any further communications. We earnestly begg you and the People our you great country to help us in our efforts. [...] I have chosen to solicit your and because from newspaper accounts it seems that Germany has been hostile to the United States from the time this war begun + you have advocated the cause of our people (the colored people) in your papers.
allow me to state here without any intent to flatter that Germany need have nofear for United States in a conflict with the aid of Ten millions of Black Americans the task of whiping America England & Spain all put together would be very easy. The best souldiers today in U.S. Army are Black souldiers and what did they do in the war of 61 [...].
We place ourselves before you as a poor helpless race of People struggling for existence and begg you for help. Praying to God that you wont turn a daft ear to our pleadings quick action is needed. This county is getting weak with men & money. The war is costing $ 1.000.000 per day. Should we strike now the task easier. I know I should communicate to you through your consulate. but all foreign people here are taught to regard us in light as the natives. I feared he might ignore or expose me which would mean –
[...] Trusting you will reply. if so cable your council here to advertise in the personal column of Phila., Item for my address, August 1st. I must take this precaution for safety.

Yours with all Honor
F.G.D.C.

P.S. If no word from you August 1st I will write to France

Politische Anliegen

Dokument 53
GStA PK, I. HA, Rep. 89, 15241, Bl. 285 *

[o.O., o.Dat., Eingangsstempel: 10.02.1901]

Euer Majestät

Erlaubt sich der unterthänigst Unterzeichnete seine herzlichste Gratulation anläßlich der Ernennung zum brittischen Generalfeldmarschall auszusprechen. Es freut mich umsomehr, als Sie dadurch doch Kollegen eines so ausgezeichneten Schweinhundes wie Lord Roberts geworden sind, unter dessen verdienstvoller Leitung und Anleitung die englischen Hunde in Afrika, Anarchisten im Reiche Gottes, gewüthet haben. Daß der edle Lord dieser Verdienste wegen mit dem Schwarzen Adlerorden dekoriert werden mußte, versteht sich von selbst; es gereicht allen Trägern dieses Ordens zur hohen Ehre, ihn gemeinsam mit Lord Roberts zu besitzen.

In steter Ehrfurcht
Einer, der sich seines deutschen Namens schämt

Dokument 54
GStA PK, I. HA, Rep. 89, 15241, Bl. 271 *

Euer Majestät!

Täglich vernimmt die Welt mit tiefster Abscheu Kunde von Ihrer Haltung im Buren-Kriege u. daß Sie unausgesetzt es wagen, dem Denken u. Fühlen des ganzes deutschen Volkes, ja jedes anständigen Menschen frech ins Antlitz zu schlagen, indem Sie offen Partei ergreifen für das englische Mörder- Banditen und Gaunervolk.
Aber was kann man von einem Monarchen erwarten, der dem Manne, dem er alles dankt, mit dem schwärzesten Undank lohnte!
Wie zutreffend war doch den Vergleich Ihrer Persönlichkeit mit Caligula! aber das Bild ist nicht vollständig: Sie haben von Nero die wahnsinnige Eitelkeit, Selbstüberschätzung und den Größenwahn, von Caracalla die Überzeugung, daß ein Monarch jede Schandthat wagen dürfe, wenn er eine willige Soldateska hinter sich hat; von Ludwig XIV. die Verschwendungssucht den Despotensinn.
Die Welt- und Kulturgeschichte wird dereinst ein schreckliches Verdammungsurteil fällen über Sie und die elenden Marionetten tutti quanti, die Sie umgeben. Das muß vorläufig den anständigen Menschen zum Troste gereichen.

Welch' Glück für das morsche Österreich, daß Ihre Person so hassenswert, so verabscheuungswürdig ist!

Wien den 6. März 1900.

Ein Deutscher.

Dokument 55
GStA PK, I. HA, Rep. 89, 15241, Bl. 289-290 *

Hannover, den 19. August 1901

Ew. Majestät

scheinen Ihr Christentum nur zu Dekoration nöthig zu haben, denn sonst würde das allergewöhnlichste Mitgefühl mit den armen Burenweibern + Kindern doch veranlassen die Engländer von ihrem gemeinen, schändlichen Thun + Treiben abzuhalten und noch mehr müßte seitens der Mächte die Bewaffnung der Schwarzen gegen die Buren verhindert werden.
Aber das rührt die verschiedenen Majestäten absolut nicht, vielleicht weil sie vom lieben Gott einen geheimen Freibrief erhalten haben??
Wer als Herrscher solch' Gräuel duldet, wie sie Chamberlain's Räuberbanden in Südafrika vollbringen, der wird Gottes strafende Gerechtigkeit schon noch erreichen.
Majestät! Das schlimmste ist aber, daß Sie sich im deutschen Volke Ihre Liebe + Anhänglichkeit verscherzen durch Ihr Verhalten und dass Ihnen allmählich das Vertrauen des deutschen Volkes verloren geht!!!
Man kann das so oft hören aus Äußerungen aller möglichen Gesellschaftsklassen, das sind aber Worte die nirgends niedergeschrieben + nirgends gedruckt werden.
Möge Ihnen, Ew. Majestät, recht recht [sic!] bald die Einsicht kommen, das dies Morden und Brennen, dies Rauben + Plündern seitens der Engländer schleunigst aufhören muß, soll nicht die ganze christliche Lehre auch bei europäischen Christen Schiffbruch erleiden.
Das deutsche Volk (nicht die Hofschranzen) ist satt, dass sich ein Hohenzollernkaiser mit einem Mordbrenner wie Roberts so vertraut gemacht hat! Ich mag's Ihnen nicht schreiben wie darüber Ihr deutsches Volk denkt und - spricht!
Deutscher Kaiser kehre um zu <u>wahrem</u> Christenthum!

Euer Majestät unterthänigster
Bernhard Schmitz

Dokument 56
GStA PK, I. HA, Rep. 89, 15241, Bl. 297-298 *

Gnädigester Herr König und Kaiser! Luvington, Midh. 14 August 1902.

Ich bin schon 24 Jahre in Amerika und glaubte früher als ich noch in Deutschland wohnte, daß die Deutschen das klügste Volk auf der ganzen Erdkugel waren, aber als ich jetzt in den hiesigen Zeitungen von den Unterdrückungen der Polaken in Deutschland lese, muß ich sagen, daß die Deutschen dümmer sind als hier in Amerika die Ochsen, Esel und Kälber besonders Ihr Reichskanzler Herr Bülow ist der dümmste Esel, denn ein Esel weiß, je mehr ein Volk unterdrückt wird desto fester hält es zusammen z.b. als die Israeliten in Egypten und die Christen in Rom unterdrückt wurden, desto fester halten sie zusammen was Ihr Reichskanzler Herr Bülow nicht weiß. Auch in Deutschland je mehr die Polaken unterdrückt werden, desto fester werden sie zusammen halten. Je mehr die polnischen Pfaffen während des Kulturkampfes in Deutschland unterdrückt wurden desto fester halten sie zusammen.

Hier in Amerika haben alle Völker vollkommene Freiheit, niemand zwingt sie zur englischen Sprache, aber alle freiwillig lernen englisch, schon kleine Kinder sprechen englisch trotzdem die englische Sprache viel schlechter ist als die deutsche. Ich bin ein Deutscher und möchte recht gerne hören, daß auf der ganzen Erdkugel nur die deutsche Sprache wäre aber meine Kinder wollen schon nicht deutsch, sondern englisch sprechen und auch die Polaken wollen hier nicht polnisch, sondern englisch sprechen und nach 50 Jahren wird man hier keine andere Sprache nur die englische hören.

Wenn die dummen Polaken deutsch nicht lernen und nur mit der Schaufel arbeiten wollen, mögen sie sitzen bis sie sauer werden, denn die deutsche Sprache ist nicht zu ihrem Nachtheile, sondern zu ihrem Vortheile, denn was hier in Amerika ist die englische Sprache ist in Deutschland die deutsche; hier nach Amerika kann Solomon kommen, aber wenn er nicht englisch würde sprechen können, kann er zu keinem Amte kommen, sondern würde nur mit Schaufel arbeiten müssen, dasselbe ist in Deutschland, wer deutsch nicht sprechen kann muß nur mit Schaufel arbeiten was für die dummen Polaken recht gut ist.

Die dummen Polaken werden niemals vom Königreich Polen träumen und die Gelehrten thun es.

Wenn die dummen Polaken werden sehen, daß sie nur mit Schaufel arbeiten müssen, werden sie recht gerne freiwillig deutsch lernen um zu einem Amte zu kommen.

Folgen Sie Gnädigster Herr König und Kaiser dem guten Rathe eines deutschen Mannes, lassen Sie den dummen Polaken sitzen bis sie sauer werden und Sie werden sich recht bald überzeugen, daß die Polaken recht gerne freiwillig deutsch lernen werden, aber durch Zwang kommen Sie nicht durch. Nach 50 Jahren wird niemand mehr polnisch sprechen wie hier in Amerika nicht deutsch.

Ganz unterthänigster Diener
Fritz Pauschach

Dokument 57
GStA PK, I. HA, Rep. 89, 15241, Bl. 293 *

Perleberg, den 1. Juni 1902

Lieber Wilhelm der Kleine

Wir danken dir für alle Handlangerdienste, die du uns bei unserem Länderraub in Südafrika geleistet hast. Ohne deine moralische Unterstützung wären uns unsere Verbrechen am Burenvolk nie gelungen. dein verrücktes Telegramm vom Jahre 1896 haben wir dir längst verziehen. du hast es ja seitdem an Canossagängen nach England nicht fehlen lassen. Wenn du das Mass deiner Dummheit vollmachen willst, so brauchst du uns nur noch zu Rittmeistern der preußischen sogenanten Armee zu ernennen wie den Baron de Schmid. Dann werden sich totlachen

deine Gesinnungsbrüder
Dr. Jameson,
Joe Chamberlain.

Dokument 58
PA, R 3821, Bl. 210-212

Leavenworth Kansas
May 5, 1904

Emperor William
Berlin, Germany.

Sir! –

As one of your subjects I call your attention to the fact that negroes are a hindrance to the welfare of any country where there are people of a different color either white or yellow; so that you may hinder them from ruining your country as they are ruining the United States. They are a desperate race, but the republican leaders have seem to overlook that fact and do things that the negro desires in order to get their voters and insure their re-election. The best thing to do would be to take the negro from this country to Africa and in that way separate the races. The United States could buy a piece of land there for them or give them the land they own there now.

Hoping that the negro does not gain control in Germany, I am
Yours truly
White Citizen of United States

P.S.
negroes are now marrying white people and what will this earth look like when we have spotted people?

Dokument 59
GStA PK, I. HA, Rep. 89, 852, Bl. 47 *

Zürich, 28. IV 1905.
An S. Majestät den Deutschen Kaiser, König von Preussen
Berlin.

Falls es wegen der Marokkoaffaire mit Frankreich zu einem Kriege kommen sollte, wobei der Sieg selbstredend auf deutscher Seite liegen würde, wäre es jedenfalls sehr vorteilhaft für Deutschland, wenn es die Zahl seiner Kolonien um Madagaskar + Corsica vermehren würde, zwei Landgebiete, welche sich leichter germanisieren lassen würden, als ein Bestandteil von Frankreichs Festland oder ein Stück Französisch-Afrika.
Schreiber dieses, gebürtiger Reichsdeutscher, schon lange im Ausland lebend und der italienischen Sprache ziemlich mächtig, erbietet sich auf allerhöchsten Wunsch einem Rufe nach Corsica Folge zu leisten.
Indem Schreiber dieses noch seinem Bedauern Ausdruck verleiht, das der Deutsche noch immer gezwungen ist, seine Kräfte anderen Nationen zu widmen, da es vorteilhafte deutsche Kolonien nicht giebt, zeichnet derselbe in Ehrerbietung

T.F.K.
hauptpostlagernd
Zürich.

Dokument 60
GStA PK, I. HA, Rep. 89, 849, Bl. 39-40

Euer Majestät! Kiel, den 3/10 1905.

Bitte ich zu entschuldigen, wenn Unterzeichneter es wagt, aus Liebe zu seiner Kaiserfamilie und zum deutschen Vaterlande, als einer der geringsten Untertanen, diesen Brief zu schreiben. Schon seit den Reichstagswahlen treibt es mich zum Schreiben; habe auch oft die Feder angesetzt, aber immer wieder nach gelassen, denn ich sagte mir: Wenn jeder an den Kaiser schreiben will, wo soll das hinaus? Doch bei jedem Familienereigniß unßeres lieben Kaiserhauses, an der ich von Herzen Anteil nehme, treibt es mich wieder zu schreiben. Zur Konfirmation der beiden Prinzen, wo Eure Majestät auch so schöne Worte gesprochen, zur Krankheit des Prinzen Eitel Heinrich, zur Hochzeit unßeres Kronprinzen, Verlobungen u.s.w.

Es ist eine Art innere Unruhe die mich treibt, als wenn Gefahren über unßerem Kaiserhause und dem Vaterlande schweben, welche sich noch durch mein Schreiben verhindern lassen.

Wenn ich hinein sehe in unßer deutsches Volk, mit seiner prächtigen Kaiserfamilie an der Spitze, so bangt mich oftmals im Herzen, als wenn in diesem Körper sich ein Unheil ausbilde. Unßer Volk hat wohl jetzt eine Blüthezeit, aber was werden diese Blüthen für Früchte bringen? Der Löwe brüllt nach Freiheit, wehe, wenn er sie hat, er wird alle Ordnung zerreißen. Wenn dieser Löwe, der Unglaube, immer mehr die Oberhand bekommt in Kirche und Schule und die Gottesfurcht aus dem Herzen des Volkes vertrieben ist, dann wird der Zorn Gottes anbrennen, auch über unßer Volk, wie in Rußland, vieleicht noch schlimmer. – Um solches vorzubeugen, müßten, meiner Ansicht nach, nur solche Herren zur Ausbildung unßerer Pastoren und Lehrer zugelassen werden, welche mit ernster Gottesfurcht glauben, das Jesus Christus Gottes Sohn ist und dieses in ihrem Leben beweisen; denn alle, welche dies nicht glauben, fördern den Unglauben und damit den Umsturz (Gottes Strafgericht)[.] durch Pastoren und Lehrer mit Gottesfurcht und Glauben an den Sohn Gottes, würde das Volk und besonders die Jugend dann wieder gute Vorbilder haben und der alte Grund, auf dem alle jetzige Ordnung und Kultur aufgebaut ist, würde wieder in die Herzen hinein gelegt. Vor allen Dingen müßte Luthers kleiner Katechismus viel besser in den Schulen verwandt werden.

Auch im äußerlichen Leben ließe sich vieleicht manches ändern. z.B. in der Politik. Die Religion muß jeder bei der Volkszählung angeben, warum nicht auch gleich die Politik? Dieses Wühlen der Umstürzler erhielt sicher dadurch einen Damm. Außerdem könnte dann auch die Regierung nach den verschiedenen, politischen Bekenntnissen die Wahlbezirke einteilen, damit jedes Bekenntiß seine Vertreter in den Reichstag sende.

Nun müssen z.B. in Kiel alle vaterlandsliebenden Bürger sich durch einen Sozialdemokraten im Reichstage vertreten lassen. Mit genanntem Wahlsystem hätte die Regierung es mit den Zahlen aus jedem Bekenntniß in die Hand, nicht so viele Regierungsfeindliche Personen in den Reichstag zu lassen. z.b. eine Provinz als Wahlkreis gedacht. Aus derselben können 5000 Wähler einen Reichstagsabgeordneten wählen, es dürfen aber auch (nur) 50000 einen Abgeordneten senden, und über 50000 dann 2. dazu müßte dann jede Partei ihren Vertreter bezahlen, welche Summe der Reichstag zu bestimmen hat.

Um Euer Majestät kostbare Zeit nicht noch länger in Anspruch zu nehmen, will ich hiermit schließen, und bitte nochmals untertänigst, diese Belästigung zu verzeihen. Gerne hätte ich Gewißheit, ob Eure Majestät den Inhalt dieses Briefes erfahren. Mit vorzüglicher Hochachtung und tiefer Ehrerbietung verbleibe ganz ergebenst

Majestäts getreuer Untertan. H. Frahm
Hausvater der Herberge zur Heimat Gartenstr. Kiel.

Dokument 61
GStA PK, I. HA, Rep. 89, 849, Bl. 43-44 *

Bern, den 29. XII. 1905.

An seine Majestät Wilhelm II.
Kaiser von Deutschland,

Verzeihen Sie mir, Majestät, wenn ich mir erlaube, eine Bitte an Sie zu richten, und spreche ich gewiss aus dem Herzen von vielen Millionen Menschen, die gegenwärtig zittern vor den politischen Gewitterwolken, die am europäischen Horizont sich zu entladen drohen in Sachen des Marokkohandels.
Hochdurchlauchter Herr, allein in Ihren Händen liegt die Macht, einen europäischen oder sogar einen Weltkrieg zu verhindern, der unsägliches Unglück über die Menschheit bringen würde.
Ein ewiges Denkmal dem Herrscher, der ohne Schwertstreich seine monarchische Laufbahn zieht!
Mit der dringenden Bitte, Ihre Majestät werde auch in der Marokkofrage Seinen Friedentendenzen treu bleiben,
gezeichnet mit vorzüglicher Hochachtung

Martha Steiger,
Marktgasse 65
Bern

Dokument 62
GStA PK, I. HA, Rep. 89, 857, Bl. 11 *

[o.O., o.Dat., Eingansstempel: 27.09.1906]

Oh möchten allergnädigste Majestät die Augen offen halten über die Minister von Bülow und Podbielski sie haben beide keine ganz reinen Hände, das weiss das Deutsche Volk zur Genüge!!!

Ein bis in den Tod getreuer Unterthan
im Namen Vieler.

Dokument 63
GStA PK, I. HA, Rep. 89, 859, Bl. 5

Dresden den 23 Januar 1907.
Ostbahnstraße N 17.

Allerdurchlauchtigster Großmächtigster Kaiser
Allergnädigster Kaiser und Herr!

In tiefster Ehrfurcht nahe ich mich dem Thron um Ew. Majestät meine Ergebenheit und Sympathie bei der Entscheidung der Wahl, wovon soviel abhängt kundzugeben.
In Ew. Kaiserlichen Hand hat Gott der Allmächtige das Wohl und Wehe der deutschen Bevölkerung hineingelegt. Wir als Apostolische stehen mit Leib und Seele für Kaiser und Vaterland und wünschen von aufrichtigem Herzen, daß in der Stunde der Entscheidung, die Würfel des Glücks auf Ew. Majestät Seite fallen mögen, damit der in den nächsten Tagen stattfindende Geburtstag Ew. Majestät nicht getrübt werde. Möge auch Gott der Allmächtige Ew. Majestät auch lange gesund erhalten, und wir als das deutsche Volk können stolz sein, einen so umsichtigen und gerechten Lenker der deutschen Politik zu haben.
Ew. Majestät können fast überzeugt sein, daß keiner von unseren männlichen Mitgliedern dagegen wählen wird.
Mit dem festen Vertrauen auf Ew. Majestät kann das deutsche Volk den Stürmen des Lebens ruhig entgegensehen, In dieser wohlmeinenden Gesinnung verharrt in tiefster Ehrfurcht

Euer Kaiserlichen Majestät
Allerunterthänigste
Emilie Thuselt
Mitglied der neuapostolischen Gemeinde zu Dresden

Dokument 64
GStA PK, I. HA, Rep. 89, 859, Bl. 21

Satow i/Mecklbg. d 28 Janr 1907

An Sr Majestät den Kaiser von Deutschland

Und wenn die Welt voll Sozis wär
Und wollt uns gar verschlingen,
So fürchten wir uns nicht so sehr. –
Es wird ihnen nicht gelingen;
Der Sozi ist kein Held,
Wenn er sich auch so stellt.
Kaiser Wilhelm ist ein Hohenzollern Sohn
Und sitzet fest auf seinem Thron,
Der wird sie schon bezwingen.

Sr Majestät alleruntertänigst gewidmet von
Herrmann Zimmermann
Chausseewärter - Satow

Dokument 65
GStA PK, I. HA, Rep. 89, 853, Bl. 1-2 *

Hamburg, den 12. Februar 1907
Fruchtallee 47.

An Majestät Wilhelm II Kaiser
von Deutschland, König von Preussen.

Zum so überaus günstigen Ausgang der Wahlen gestatte ich mir Ew. Majestät ganz ergebenst meine besten Glückwünsche darzubringen mit dem Wunsche, daß es Euer Majestät noch recht lange vergönnt sein möge die Regentschaft zu leiten, denn gerade unter Euer Majestät Regierung ist Deutschland ganz besonders aufgeblüht und hat sich segensreich entwickelt, so daß wir alle in denkbarer Liebe zu Ihnen emporschauen.
Möge auch die neuere deutsche Geschichte in den Schulen mehr Verbreitung finden, als die Geschichte der alten Griechen und Römer, denn erstere hat der letzteren voraus, daß die Helden derselben der neueren Zeit entstammen und als Landsleute zur Nacheiferung anreizen, während die Helden der Griechen und Römer teilweise der Mythologie entnommen sind. Durch weitere Ausbreitung der deutschen Geschichte in den Schulen wird der Patriotismus ganz bedeutend gehoben und dadurch die Vaterlandstreue sehr erhöht werden.

Leider war es mir nicht vergönnt Ew. Majestät bei der Fahne zu dienen, aber nie werde ich es Euer Majestät vergessen, welchen Dank ich Ihnen auf Grund Ihrer so gütigen und weisen Regierung schulde. Wiederholt war es mit vergönnt Ew. Majestät aus der Ferne zu sehen und Ihre Reden zu lesen. Doch tief bedaure ich, daß es mir bis jetzt nicht vergönnt war Euer Majestät in der Nähe zu sehen und sprechen zu können.
In der Hoffnung, daß dieser mein höchster Wunsch sich einst erfüllen möge, zeichne ich

mit tiefster Ehrfurcht und Ergebenheit
Ihr treuer Unterthan
Gerd Dawosky

Dokument 66
GStA PK, I. HA, Rep. 89, 859, Bl. 24 *

Seine Majestät!
Mausdorf, den 7. Februar 1907

Zu dem Wahlergebnis bringe ich E. Majestät untertänigst, ehrfurchtsvollen Glückwunsch dar. Das Wahlverhältnis ist aber immerhin noch enttäuscht ausgefallen in Bezug auf Centrum und Polen und da muß man sich fragen wo der Grund liegt daß dies möglich war. Ich finde ihn nirgends anders als im Missbrauch des Beichtstuhls und der Kanzel. Nach meiner Ansicht ist das Centrum viel staatsgefährlicher als die Sozialdemokraten, weil letztere ihre Ziele doch öffentlich besprechen müssen, besorgt für das Centrum dies die Geistlichkeit im Beichtstuhl. Ich habe gelesen daß Dr. Schädler in einer Versammlung in Bamberg gesagt hat: Die Reichstagsauflößung kam von Bückeburg aber wir bücken uns nicht. Der 25. Januar ist der Gedenktag wo Kaiser Heinrich IV seine 3tägige Bußübung angetreten hat. Ich möchte nicht versäumen bei der jetzigen Gelegenheit E. Majestät meine Ansicht ehrfurchtsvoll darzulegen. Centrum und Polen kann man nur bekämpfen wenn man ein Gesetz macht und für dieses glaube ich sind auch die Sozialdemokraten daß den Geistlichen bei Strafe verboten wird auf der Kanzel oder im Beichtstuhl über Politik zu sprechen.
Ferner möchte ich E. Majestät beglückwünschen für den neuen Kolonialdirektor Dernburg. Derselbe ist der Mann den man schon lange für einen solchen Posten gebraucht hätte. Auch hier möchte ich mir erlauben E. Majestät meine Ansicht ehrfurchtsvoll zu unterbreiten. Die Auswanderung nach Südwestafrika muß durch Staatshilfe so viel wie möglich beschleunigt werden. Besonders Schäfer würden geeignet sein sich nutzbar dort zu machen und gerade diese Leute wären leicht zu gewinnen. Ich möchte E. Majestät bitten mir durch das Kolonialamt über Bedingungen für die Auswanderung nach Südwestafrika Material zugehen zu

lassen. Ich würde mich freuen wenn ich mich in dieser Weise für unser deutsches Vaterland nutzbar machen könnte.

Ehrfurchtsvoll, untertänigst
treuer Untertan
Zuleeg

Dokument 67
GStA PK, I. HA, Rep. 89, 849, Bl. 117-118

Barmen, den 11. August 1907.
Seiner Majestät Kaiser Wilhelm II!

Entschuldigen Sie bitte, wenn ich mich in einer wichtigen Angelegenheit an Sie wende. Es ist dieses die Alkoholfrage, und wende ich mich an Ihnen, als maßgebende Persönlichkeit, der Bereitung von geistigen Getränken entgegen zu treten. Sie müßten mal nach hier kommen, und sich das Trinkerelend ansehen. Ich weiß recht gut, daß Brauereien und Brennereien viele Steuern aufbringen müssen, die können nur bestehen bleiben, mit dem Bemerken alkoholfrei. Das deutsche Reich würde aufblühen, wenn dem Satan entgegen gesteuert würde. Zuchthäuser und Gefängnisse würden sich säubern, und viele Familien würden zufriedener leben können, es wäre ein Segen für die ganze Menschheit. Haben Sie nun Ihr Volck lieb, so helfen sie bitte mitkämpfen, in tatkräftiger Christenliebe gegen diesen schlimmsten Feind unseres Volckes. Bitte dieses Schreiben im Abgeordnetenhause vorzulegen, damit die Wirtshäuser von 10 od. 11 Uhr geschlossen würden.

Hochachtungsvoll
N.N.

Dokument 68
GStA PK, I. HA, Rep. 89, 853, Bl. 5-6

Nantes, den 25 August 1907
3, Place Neptune

Allerdurchlauchtigster
Großmächtigster Kaiser und Herr!

Dem nie vorhersehende Ereignisse der Natur, dem gütigen Walten einer höheren Macht werde ich es zu verdanken haben, wenn dieser Brief Ew. Majestät zu Gesicht kommen sollte.

Ohne lange Umschweife will ich daher Allerhöchst-Ihnen die Gedanken eines einfachen Menschen unterbreiten.
Und zwar werde ich mich in diesem Schreiben über die Gründe, warum wie noch nicht das Paradis auf Erden haben, aussprechen.
So einfach die Aufgabe zu lösen wäre, so kenne ich die Ursachen und Schwierigkeiten doch zu genau, um nicht zu wissen, daß nur durch das Einsetzen vieler und hauptsächlich willensstarker Menschen dieses Ziel zu erreichen sein wird.
Ew. Majestät hat nun durch Allerhöchst Ihren Willen und guten Beispielen ein Volk herangezogen, welches durch seine Tatkraft und Großsein alle anderen Völker zum gleichen Tun anfacht.
Aber wie ein Stillstand Rückstand bedeutet, so wird Ew. Majestät verstehen, daß ich (ein einziges Glied in dem großen Triebwerk des Deutschen Reiches) den Mut finde, die Gedanken des unteren, noch nicht genügen ausgebildeten Teiles des Volkes Ew. Majestät zu übermitteln.
Wenn ‚alle' Schichten des Volkes die ‚gleiche' Schulausbildung erhielten, so würde nach und nach sich das Paradis auf der Erde ausbreiten. Jedermann wäre zufrieden. Der Eine arbeitete dem Anderen in die Hand, weil keine Ungleichheit mehr bestände. Es gäbe nur noch zwei Menschenklassen, die eine, welche den Willen hätte, und die andere, welche nicht wollte.
Sollte es Ew. Majestät möglich sein, dem gesamten deutschen Volke eine gleichmäßige Schulausbildung zu geben und daß den Kindern frühzeitig vom menschlichen Geschlechtsleben Aufklärung gegeben wird, damit alles Naturwidrige in frühester Jugend unterbleibt, so wird der Dank der ganzen Mitwelt nicht ausbleiben, aber auch noch nach Jahrtausenden wird Ew. Majestät's Name in jedermanns Munde sein.
Hoffend nicht den Unwillen Seiner Majestät erregt zu haben, verbleibe ich

Ew. Majestät
Alleruntertänigster Diener
Robert Müller

Dokument 69
GStA PK, I. HA, Rep. 89, 859, Bl. 40 *

Leipzig, den 7. Sept. 1907

An Seine Majestät den deutschen Kaiser Wilhelm II.
Berlin.

Allergnädigster Kaiser und Herr!

Seinem Kaiser die höchste Ehre entbietende Unterzeichnete erlaubt sich Euerer Majestät einen Vorschlag zu machen als Inschrift zum Reichstagsgebäute.

,Gottes Segen über den der's hierin ehrlich meint.
Gottes Fluch über den der's anders hierin meint.'
Von dem Wunsche beseelt die hohe Frau Kaiserin bald wieder gesund und glücklich an Euerer Majestät Seite zu sehen und das es Beite noch lange bleiben das walt der liebe Gott.

Mit höchster Ehrerbietung und Liebe grüßt die beiten Majestäten
A. Weber
ein älterer Arbeiter

Dokument 70
GStA PK, I. HA, Rep. 859, Bl. 14 *

Christus vincit! Christus regnat! Christus imperat in Ewigkeit! Amen!

München am Tage des Hl. Chrysostomus 1907

Majestät!

Es ist also der Ausfall der Wahlen für Sie eine Gratulation z Geburtstag geworden! Aber auch wir Katholiken u. wir Zentrumsmänner können uns gratulieren: denn es ist für uns eine große Freude zu sehen, daß sich das Volk immer mehr ver,konserviert' u. sich den Tron- und Altarstürzern abwendet u. eine gewiße Scheidung der Geister eintritt. Die ,Siplicissimus-Männer' die dem ,neuen Kurs' so verdächtig aufdringlich zujubelten, hatten gar keine Grundlage, wenn sie weiter sehen könnten, aber diese ,Witzköpfe' rennen wie die Sodomiten an der Türe vorbei ohne zu sehen oder wie der lb. Heiland einmal sagt: ,Wir haben Augen zu schau u. schau nicht.' Und es ist gut so. Das ist ihre gerechte Strafe.
Es ist nun vorbei. Was geschehen es sei vergessen, ohne Harm und Groll wollen die Katholiken mitarbeiten an des Volkes-, Kaisers- u. Herrschers-Wohl, ob beliebt – ob verkannt – unsere Meinung steht in dem der gesagt: ,Der Knecht ist nicht über dem Herrn; haben sie mich verfolgt, so werden sie auch Euch verfolgen.' ,Und vergib uns unsere Schuld, so wie wir vergeben.'
Wie Josef sagte ohne Groll – Gott die Ehre gebend – zu seinen Brüdern als sie zitternd vor dem Mächtiggewordenen standen: ,Ihr sannet Böses wider mich – Gott aber wandte es zum Guten. S[o] war es, so ist es, so wird es bleiben in Ewigkeit. Amen.

In schuldiger Ehrfurcht
Johannes Trauprokur [?]
Bw. im III Orden

Dokument 71
GStA PK, I. HA, Rep. 89, 15242, Bl. 14 *

Postst: Kreuznach

[o.Dat., Eingangsstempel: 07.02.1908]

Könige und Fürsten
welche die dem Volke geheiligten Rechte mit Füßen treten und Gesetze, die den Untertanen ihr Eigentum rauben, unterzeichnen und bestätigen, verdienen das Loos des Königs von Portugal. Die spätere Geschichte wird schreiben.
Wilhelm I der Große
Wilhelm II der Polenfresser

[anon.]

Dokument 72
GStA PK, I. HA, Rep. 89, 849, Bl. 152 *

[o.O., o.Dat.]

Ew. Majestät!

Das deutsche Volk, dessen höchstes Ideal das Haus der Hohenzollern ist, bittet Ew. Majestät kniefällig, inbrünstig, flehentlich, sofort nach Berlin zurückzukehren.
Noch wäre ja alles zum Guten zu wenden, wenn das Volk wüßte, daß sein Herrscher mitten unter ihm in der deutschen Hauptstadt weilte.
Auch beschwören wir Ew. Majestät, dem Fürsten Bülow das Vertrauen Ew. Majestät, welches er bisher besaß, auch weiter zu erhalten und ihm das Steuern des Vaterlandes zum Heile des Volkes zu überlassen.
Rufen Ew. Majestät sich das Wort Ihres großen Ahnherren, des großen Kurfürsten ins Gedächtnis: ‚Ich bin es meinen Ahnen, meiner Ehre und meinem Vaterland schuldig, mich zu beherrschen.'
Ew. Majestät Verweilen in Donaueschingen scheint dem deutschen Volke, als nehmen sie nicht teil an seinem Schmerz.

Eine, der das Haus der Hohenzollern das Höchste auf Erden ist.

Dokument 73
GStA PK, I. HA, Rep. 89, 854, Bl. 135-136

Schweidnitz, den 5.7.09

An Seine Majestät den
Kaiser Wilhelm den II.

In Gedanken falle ich zu den Füßen seiner Majestät und flehe um Erfüllung dieser drei Bitten die ich mir erlaube, auf dieses Papier zu schreiben. Erstens das die Dienstmädchen mehr freie Zeit hier haben, denn viele Mädchen haben nur alle 5-6 Wochen Ausgang und so auch keinen Augenblick freie Zeit. Abends erst um 10-11 Uhr fertig und früh um ½ 6 Uhr schon wieder aufstehen. Also erste Bitte. Bitte um mehr freie Zeit und das Mädchen von 16 Jahren ab wenigstens alle 14 Tage Ausgang haben. Und zwar von 3 Uhr bis 10 Uhr. Und früh um 6 Uhr aufstehen.

Zweite Bitte: ‚daß die Dienstmädchen bessere Behandlung bekommen. Am Dienstag kam ich bei einer Küche vorbei, wie eine Frau ihr Mädchen mißhandelte indem sie ihr ein Paar Schuhe nachwarf und allerhand schlechte Redensarten und schändliche Namen ihr zu sagen pflegte. Das Mädchen weinte sobald bitterlich. Daher läßt mein Herz, welches aus voller Barmherzigkeit und Nächstenliebe erfüllt ist in mir keine Ruhe und sofort diese Zeilen an seine Majestät schreiben. Da mir sonst niemand die Bitten erfüllen kann. Den lieben Gott habe ich schon gebeten er wird mich ebenfalls erhören!'

Dritte Bitte: ‚daß die Dienstbücher vom 1. Oktober ab weggeschafft werden, denn da viele Frauen einem Mädchen, welches sich das Dienst ändern will aus Rache schlechte Zeugnisse geben. Es sollen da lieber nur Bescheinigungen aufkommen wo keine Zeugnisse brauchen darauf geschrieben werden.

In der Hoffnung daß meine Bitten erfüllt werden verbleibe ich eine treue Untertanin Seiner Majestät.

Frau Himmettek

Dokument 74
GStA PK, I. HA, Rep. 89, 860, Bl. 1-4 *

Halle a.d. Saale
Beesener Straße 15 f.
10. linding (juni) 1913

Allerdurchlauchtigster, Großmächtigster Kaiser und König!
Allergnädigster Kaiser, König und Herr!

Voll tiefster dankbarkeit für all das große und schöne, das von Gottes gnaden durch Eure Majestät der menschheit im allgemeinen und dem deutschen volk im besonderen während der ersten 25 jahre Allerhöchst-Ihrer Königs- und Kaiserherrschaft beschert worden ist, bring' auch ich Eurer Kaiserlichen und Königlichen Majestät die innigsten glückwünsche dar zur heurigen jubelfeier und für die künftige – so Gott will, noch jahrzehntelange und ebenso reich gesegnete! – regierungszeit Eurer Majestät, wünsche, denen meine liebe frau und mein töchterchen Ielburga sich von herzen anschließen.
Bei dieser gelegenheit wag' ich, Eurer K. u. K. Majestät in höchster ehrerbietung vorzutragen einen gedanken, der mich schon seit vielen jahren lebhaft beschäftigt. Es ist dieser hier:
Von den im Deutschen Reiche regierenden landesfürsten führen die herren Fürsten zur Lippe, ä. und j. L. Reuß, zu Schaumburg-Lippe, zu Schwarzburg und zu Waldeck und Pyrmont lediglich die anrede Hochfürstliche Durchlaucht oder gar nur Durchlaucht. Das letztgenannte prädikat ist von Eurer K. u. K. Majestät doch wohl auch u.a. den häuptern der altedeln landsässigen häuser zu Dolma, Eulenburg, Inn- und Knyphausen allergnädigst verliehen worden, indes ausländische regierende und andere fürstenhäuser, deren ahnenreihe zum teil nicht annähernd so weit zurückreicht, und deren Vorfahren sich um ihr volk und land – mit wenigen ausnahmen vielleicht – nicht im entferntesten so hoch verdient gemacht haben, wie es bei unseren deutschen fürstengeschlechtern durchwegs der fall gewesen ist, auf das prädikat Hoheit oder Altersi oder Highness oder eine diesen mindestens gleichwertige, wo nicht gar noch höhere fremdsprachige bezeichnung anerkanntermaßen anspruch erheben.
Sollte sich aus dem umstande, dass in diesen festlichen tagen auch die deutschen bundesfürsten persönlich Eurer K. u. K. Majestät ihre huldigungsgrüße und glückwünsche darbringen werden, nicht für Eure Majestät ein günstiger anlass ergeben, im einvernehmen mit den regierenden Königen, Großherzogen und Herzogen – oder der stellvertreter dieser höchsten herren – des Deutschen Reiches den regierenden Fürsten der bundesstaaten Lippe, Reuß, Schaumburg-Lippe, Schwarzburg und Waldeck nahezulegen, dass diese hohen herren im rückblick auf die nunmehr schon vierzigjährige reichszugehörigkeit ihrer bundesstaaten fortan die anrede Hoheit für sich selbst in anspruch nehmen und von ihren gemahlinnen sowie den Erbprinzen und deren gemahlinnen führen lassen, und dass sie

den übrigen gliedern ihrer häuser, d.h. den ebenbürtigen Prinzen und Prinzessinnen, das prädikat Hochfürstliche Durchlaucht ein für allemal verleihen?

Mit der ehrfurchtsvollen bitte, dass Eure Kaiserliche und Königliche Majestät meine anmaßliche frage mit nachsichtsvoller huld aufnehmen und behandeln wollen, verharre ich als Eurer Majestät

alleruntertänigster und treugehorsamster
Gustaf Forke,
privatsekretär,
geb. 17.6.1863

Dokument 75
GStA PK, I. HA, Rep. 89, 862, Bl. 35-36

Hohenwarte bei Lübeck, den 24sten Januar, 1914.

Ew. Majestät

sende ich zum Geburtstag die besten Wünsche für alle Zukunft und schließe darum die Bitte, in Zukunft alle zum Tode verurteilten in Deutschland begnadigen zu wollen in der gewissen Zuversicht, daß sie durch rechten Umgang noch wieder zu brauchbaren Mitgliedern der menschlichen Gesellschaft werden können, wie die Liebe, wie ich las, es Mönche und Nonnen in einem Kloster Osterreichs lehren, die sich mit den Verbrechern einschließen ließen, ihr Leben mit ihnen zu teilen und dadurch die Freude hatten, die größten Verbrecher wieder nützliche Mitglieder der menschlichen Gesellschaft werden zu lassen. Ich kenne hier in Lübeck auch die Pflegerin der mit ansteckenden Krankheiten behafteten Kinder im Kinderhospital hier. Ich sprach mit ihr darüber, daß Christus gesagt hätte, daß wenn wir Gottes Willen täten, wir den Vater bitten könnten, was wir wollten und Er würde es uns geben. ‚Ja', meinte sie, wenn wir Gottes Willen tun, können wir viel tun. Ich habe noch kein einziges der Kinder, die mir zur Pflege anvertraut wurden, verloren, und die Ärzte wundern sich immer, wie artig die Kinder bei mir sind. Ich sage dann immer: Ja, sie haben ja auch nichts als Gutes.' Und man geht auch wohl nicht fehl, wenn man unter den Verbrechern schlecht, unartig erzogene Menschen sieht, die nicht gelehrt sind, das Gute um seinerselbst Willen zu lieben und daher in den Versuchungen des Lebens unterliegen.

Mathilde Mackehrang,
geb. Franck

Dokument 76
GStA PK, I. HA, Rep. 89, 853, Bl. 55-56

Essen, den 14.5.1914

Allergnädigster Kaiser und Herr!

Ich erlaube mich an Sr. Majestät einige Zeilen zu schreiben.
Alleruntertänigst teile ich mit, daß uns Deutschen eine große Kriegsgefahr erwartet. Ich bin erfahren daß der Franzose unser erster und größter Feind – aller Feinde ist. Es wird in kurzer Zeit der deutsch-französische Krieg ausbrechen.
Da wird es heißen!
Wir Deutschen müssen fest und treu zusammenhalten. Wenn wir fest und treu zusammenhalten wollen, da müssen wir Deutschen unsere Militärischen Pflichten danach bessern. Wir haben im Innern unseres Vaterlandes die größten Feinde. Es sind Feinde ohne Schwert und Gewehr, aber mit verräterischem Herzen. Dienen jede Nazional nur zum Augenschein, nochvielmehr als Spion, und morgen für Gold und Silber das schwerste Verbrechen. Vor solchem Feinde darf sich jeder fürchten. Durch ihre Schlau- und Gewandtheit haben die sich die größten Rechte bei den Deutschen erworben. Ist jetzt erlaubt denen das Schwert in der Scheide zu tragen, und ist für uns Deutsche ein großes Unglück.
Diese unbenannten sind die Juden.
Unsere zweiten Feinde sind die Sozialdemokraten. Es sind Menschen von Gott verlassen. Ein Mensch ohne Glauben besitzt auch keine Vaterlandsliebe.
Wenn der liebe Gott unsere inneren Feinde demütigt, und wir Deutsche ihnen die Feindschaft kämpfen, dann können wir auf Gott vertrauen und sagen, wir gewinnen.

Alleruntertänigster
Jos. Sch.
Essen Schützenstr. 17

Dokument 77
GStA PK, I. HA, Rep. 89, 848, Bl. 65-66 *

Soldatenbrief!
Eigene Angelegenheit
des Empfängers

Elberfeld, den 11. Oktober 1914

An Wilhelm II. Majestät
Deutscher Kaiser u. König von Preussen Hauptquartier

I.
Zur Eröffnung des deutschen Reichstages haben sie an jenen Tagen den Satz gesprochen 'Ich kenne keine Parteien, ich kenne nur noch Deutsche.['] Sie haben dieser Satz als Schwur in die Hände der Parteiführer geleistet. Trotzdem haben sie zwei (2) Parteien bestehen lassen, die der Vollsteuerzahler und die der Steuerprivilegierten. Eingedenk Ihre Schwures schlage ich Ihnen folgenden Erlass an das preußische Volk vor. I. Sämtliche Steuerprivilegien werden aufgehoben. II. dieser Erlass tritt sofort, mit Rückwirkung von 1. August 1914 an, in Kraft.
II. Zur Behebung der Ernährung der Arbeitslosen soll von jedem Vollarbeiter resp. Vollgehaltsbezieher ein Extrazuschlag von 100% zur Staatssteuer erhoben werden. III. da wir leider aus einem kerngesunden Agrarstaat, ein ungesunder Industriestaat geworden sind, ferner die Börsenjobber, 28-500% Dividendenempfänger, und die bis zu 13% Zinsen wirtschaftenden Grossbanken als die Urheber des Krieges und des Verhasstseins der Deutschen anzusehen sind, soll in Zukunft, ähnlich der Grundsteuer n.d.g.W. Ausfuhrsteuer auf Geld und Waaren von mindestens 3% von 1000 Mk Wert erhoben werden, diese 3% sollen zinsbar angelegt und nur im Kriegsfalle zur Aufrechterhaltung der Arbeit in den Betrieben oder zur Unterstützung der Arbeitslosen verwandt werden.
Wenn die Berliner Versammlung der 7000 Industriellen Grossgrundbesitzer u.s.w. in einem Telegramm an Sie behauptet, daß dieselben den Krieg aushalten können, so mag dies für diese 7000 zutreffen; für die 7,000,000 Industriearbeiter Landarbeiter trifft dies nicht zu, die arbeiten entweder garnicht oder 3 Tage die Woche. IV. Persönliches. Ich nehme an, daß Sie als Deutscher Kaiser heute auch nur Deutscher sein wollen, deshalb dieser Sieton. Sie wissen, ich und die meiste Arbeiterschaft waren selten oder nie begeistert für Sie. Alle Arbeiter haben aber bei Ihren 25jährigen Jubiläum Ihre Friedenspolitick dankbar anerkannt. Und heute? der größte Ateist, der verbißenste Sozialdemokrat spricht mit Hochachtung und Stolz von Ihnen und Abends in stiller Stunde betet manch einer, der das Beten verlernt hat, ein stummes Gebet für den Kaiser und seine tapferen, todesmutigen und opferbereiten Soldaten. Das ist Ihr Erfolg, weil Sie uns vor dem Kriege mit aus dem Herzen kommender Stimme auf Gott hingewiesen haben. Besten Dank hierfür. Dies sage ich nicht etwa aus Schmeichelei, sondern das ist die Beobachtung eines schon seit 7 Jahren aus der Kirche ausgetretenen.

Zum Schluß bitte ich, die zwei ersten Anträge sofort anzunehmen. Der dritte Antrag soll zur Gesetzvorlage ausgearbeitet nach dem Kriege in Erfüllung gehen. Endlich wird gebeten, die Steuerbehörden anzuweisen, daß Steuereinsprüche zu erledigen sind. Richter arbeiten jetzt übermenschlich, daß soll dankbar anerkannt werden, dann sollen aber auch die Erlediger von Steuereinsprüchen arbeiten.

Mit den besten Grüssen
an Sie und unsere einzigen
Soldaten
Hochachtungsvoll ergebenst
Otto Rohde Fabrikarbeiter
Elberfeld Felrenbr. 4a I

Dokument 78
GStA PK, I. HA, Rep. 89, 860, Bl. 5

Berlin, den 1. Juli 1917.

Allerdurchlauchtigster Großmächtigster Kaiser und König!
Allergnädigster Kaiser, König und Herr!

Vor einigen Jahren hat das Staatsministerium beschlossen, daß den Kanzleibeamten der Zentralbehörden nach einer bestimmten Dienstzeit der Charakter als Kanzleirat verliehen werden kann. Die daraufhin Eurer Kaiserlichen Majestät vorgelegte Order hat, wie allgemein bekannt ist, der Geheime Hofrat Abt angehalten und ist mit dessen Zutun verworfen worden.
Fast allen Staatsbeamten wird nach einer 30 jährigen Gesamtdienstzeit eine Charakterverleihung pp. zuteil.
Bei Ausbruch des Krieges haben sich viele Kanzleibeamten der Zentralbehörden – alles ehemalige Unteroffiziere – zum freiwilligen Militärdiensteintritt gemeldet und sind teilweise zum Leutnant der Landwehr und Feldwebelleutnant befördert worden.
Eure Kaiserlich und Königliche Majestät wage ich die alleruntertänigste Bitte vorzulegen, die vorbezeichnete Order allergnädigst vollziehen zu wollen, wodurch den durchweg nur königstreuen alten Soldaten ganz entschieden eine unermeßlich große Freude bereitet werden würde.

In tiefster Ehrfurcht verharre ich
Eurer Kaiserlichen und Königlichen Majestät
alleruntertänigste Dienerin

Anna Altmann.

Dokument 79
GStA PK, I. HA, Rep. 89, 849, Bl. 316 *

Magdeburg, Rollenhagenstr. 1.I.
den 1. November 1917.

An seine Magistät
den deutschen Kaiser,
König von Preussen.

Berlin

In der jetzigen Kanzlerkrise werden Eure Magistät wieder nach tüchtigen Männern im Vaterlande Umschau halten und da erlaube ich mir ganz ergebenst das Interesse Eurer Magistät auf Leipzigs Bürgermeister Friedrich Roth zu lenken, der meiner Meinung nach einer fähigsten Köpfe, die überhaupt zur Zeit leben, ist. Leider ist er aber selber viel zu bescheiden, um von sich reden zu machen und da möchte ich auf diese Art versuchen, Aufmerksamkeit auf ihn zu lenken, da es in der jetzigen Zeit nahezu ein Verbrechen ist, wenn eine derartig eminente Kraft dem Vaterlande vorenthalten bleibt.

Seine Fähigkeiten alle aufzuzählen, halte ich für unrichtig, da Auskünfte stets je nach der Menge der Sympathie oder Antipathie persönlich gefärbt sind und Eure Magistät nach einer persönlichen Vorstellung Sich ganz allein ein günstiges Urteil bilden werden; daher bitte ich Eure Magistät ganz ergebenst Herrn Bürgermeister Roth einmal in Audienz zu befehlen.

Indem ich Eure Magistät um die grosse Gnade bitte, Herrn Bürgermeister Roth auf keinen Fall wissen zu lassen, daß ich diesen Schritt unternommen habe, zeichne ich

Eurer Magistät ergebenster
Unterthan

[Albrecht] Hoffmann
aus Wutchang - China

27

Leipzig, Bz. Düsseld., den 2. Juni 1914

Allerdurchlauchtigster, großmächtigster Kaiser!
Allergnädigster Kaiser, König und Herr!

4. JUN 1914

Unter Bezugnahme auf die am 20. Juni dieses Jahres stattfindende Taufe des Schwesterschiffes des Dampfers

"Vaterland"

möchte ich Ew. Majestät alleruntertänigst bitten, mit in Erwägung zu ziehen, ob dem neuen Schiffe nicht der Name

"Heimat"

verliehen werden könnte.

Jeder echte und rechte Deutsche ist doch sicherlich stolz auf sein Vaterland, nicht minder aber auf seine Heimat und so sind

"Vaterland und Heimat"

unweigerlich zusammengehörende Gedanken.

Indem ich um gnädigste Aufnahme meines Schreibens bitten möchte, zeichne ich

alleruntertänigst

Philipp Oswald Schäfer

147 - 14
J. 45/12

Aufschreiber

„*Majestät wollen und müßen die Flotte doch größer haben*"
Flottenbau und Militär

Dokument 80
GStA PK, I. HA, Rep. 89, 848, Bl. 17-18 *

Pritzwalk, den 11. Februar 1906

Hoch geehrte Majestät!
Hoch geehrter Kaiser, König & Herr!

Bitte Majestät gütigst entschuldigen zu wollen, daß ich mir erlaube an Majestät diese Zeilen zu senden, erlaube mir Majestät zu bitten doch eine Bestimmung zu erlaßen, daß Jeder nach seinem Einkommen eine Summe zum Flottenbau zahlt, Majestät wollen & müßen die Flotte doch größer haben, ich würde gerne gleich meine Summe nach Kräften zahlen, ich steure zu ein Einkommen zu 6000 bis 7000 M, wenn ich um 300 Mark aufbrächte & Jeder so ungefähr dann käme doch schon schönes Geld zusammen.
Die großen Rehdereien würden doch genugs große Summen dazu bereitwilligst zahlen. Bitte Majestät nochmals um Entschuldigung, daß ich dieses Schreiben absandte, ich konnte aber nicht anders, der Gedanke kam mir immer wieder.

Mit tiefster Ehrfurcht Majestät stets treuer Unterthan
Wilhelm Bülow

Dokument 81
GStA PK, I. HA, Rep. 89, 860, Bl. 8 *

Königsberg i/Pr.
den 13.2.06

Allerdurchlauchtigster allergnädigster Kaiser König + Herr!

Nachdem ich beifolgenden Aufruf des Flotten-Vereins gelesen, der lebhaftesten Widerhall in meinem Herzen gefunden, lese ich den beifolgenden Artikel der Allgemeinen Zeitung über den Millionenschwund in der Steuerkommission, der mich mit tiefen Schmerzen erfüllt. Da ich nun tief bedauere, daß Orden für den gewöhnlichen Sterblichen nicht vorhanden sind, so ist mir der Gedanke gekommen, ob es nicht vielleicht möglich wäre, wenn Ew. Majestät einen Flotten-Orden

stifteten, den derjenige erhält, welcher eine Summe Geldes für die Schaffung einer mächtigen Flotte spendete.
Die Orden denke ich mir in folgender Form:
Wer 100 M giebt, erhält ein schwarz emailliertes Torpedoboot
Wer 200 M giebt, erhält ein gelbes
„ 300 „ „ „ „ grünes
„ 400 „ „ „ „ blaues
„ 500 „ „ „ „ rotes
„ 1000 „ „ „ „ weißes
„ 2000 „ „ „ „ Panzerkreuzer
„ 3000 „ „ „ „ Linienschiff
Nach meiner Meinung würden hunderte von Millionen fließen + auch dauernd, durch die heranwachsende Jugend. Sollte meine Idee undurchführbar sein + ich irgend einen Fehler begangen habe, so bitte ich um Entschuldigung.

Ew. Majestät allerunterthänigster
G. Schauwecker
Dentist
Steindamm 127

Dokument 82
GStA PK, I. HA, Rep. 89, 863, Bl. 1 *

Berlin, 21. Februar 1907
Allerdurchlauchtigster, Großmächtigster Kaiser und König!
Allergnädigster Kaiser, König und Kriegsherr!

Eure Majestät wollen Allergnädigst zu gestatten geruhen, daß ich nachstehende Bitte vorzutragen mir erlaube.
Tief ergriffen von dem Inhalte des Buches: ‚Aus unserem Kriegsleben in Südwestafrika', von Max Schmidt, welches ich in der vergangenen Nacht las, treibt es mich zu bitten: Eure Kaiserliche Majestät wollen befehlen, daß das der Verleger dieses Buch jedem Reichstagsabgeordneten zur Ansicht übersende.
Sodann wolle Eure Majestät den Verfasser veranlassen, daß er den Inhalt in einer billigen und einfachen Form, für das Volk, besonders für unsere heranwachsende Jugend, und für unsere Rekruten herausgebe. Das Buch wird gewiß Vielen zum Segen sein, und Liebe zu Kaiser und Reich, König und Vaterland erwecken und befestigen; auch zum Vater im Himmel und zu unserem Heiland und Erlöser.

In tiefster Ehrerbietung zeichnet
der allerunterthänigste
[Unterschrift unleserlich]

Dokument 83
GStA PK, I. HA, Rep. 89, 848, Bl. 44-45 *

Hamburg, Schmilinskistraße 13.
7. Juli, 1908.

Seiner Kaiserlichen Majestät
Kaiser Wilhelm II
an Bord der S.M.S. ‚Hohenzollern'

Ew. Kaiserliche Majestät gestattet sich die ergebenst Unterfertigte in tiefster Ehrfurcht Nachstehendes zu unterbreiten: In Anbetracht, daß heute in der Nordsee ein englisches Geschwader von ca. 300 Schiffen versammelt ist, denen es bei einer plötzlichen Kriegserklärung Englands mit seinen Verbündeten der Republik Frankreich ein Leichtes sein würde, Ew. Majestät selbst in den nordischen Gewässern an Bord Ew.M.S. ‚Hohenzollern' einzukreisen, resp. gefangen zu nehmen, gleichzeitig auch S. Excellenz dem Herrn Reichskanzler Grafen v. Bülow auf der Insel Norderney ein ähnliches Schicksal zu bereiten, wollen Ew. Majestät geruhen, es einer kleinen warmen Patriotin, der das Wohl und Wehe Ew. Majestät und des Vaterlandes sehr am Herzen liegt, auf diese mein patriotisches Gefühl sehr bedrückende Lage hinweisen zu dürfen.

Ich verharre in tiefster Ehrfurcht
Ew. Majestät untertänigste
Olga Martens

Dokument 84
GStA PK, I. HA, Rep. 89, 848, Bl. 26 *

Coblenz, den 6. November 1912

Sr. Majestät Kaiser Wilhelm II.

Euer Majestät bitte ich untertänigst, jedem Deutschen zu befehlen, das Buch
‚Deutschlands Flotte im Kampf'
von Graf Bernstorff ‚Kaiserl. Korvettenkapitän a.D.' zu kaufen. Bin pekuniär an Euer Majestät Entscheidung nicht interessiert, nur ‚Pro Patria'.

Robert Völcker
Dresden 21.

Dokument 85
GStA PK, I. HA, Rep. 89, 848, Bl. 10-11 *

Vöhrenbach in Baden, den 10. März 1913.
Allerdurchlauchtigster Kaiser!
Allergnädigster, grossmächtigster Kaiser, König und Herr!

Wie aus den Berichten der Presse hervorgeht, besteht die Absicht, bei der einmaligen Vermögensabgabe zur Aufbringung der Kosten der neuen Wehrvorlage die den Betrag von 10000 Mark nicht erreichenden Vermögen abgabefrei zu lassen.
Vaterlandsliebe ist aber nicht das ausschliessliche Vorrecht der besitzenden Klassen, und wol nicht nur ich allein würde es als demütigend empfinden müssen, von der Betätigung meiner Liebe zum Vaterland ausgeschlossen zu sein bei der Aufbringung einer Summe, die zur Erhaltung der Grösse, des Ansehens und der Macht unseres herrlichen Deutschen Vaterlandes dienen soll.
Ich habe deshalb auf ein Mittel gesonnen, durch das es auch dem Aermsten ermöglicht werden soll, sein bescheidenes Scherflein zu dem genannten vaterländischen Zwecke beizutragen.
Dieses Mittel bitte ich Euer Majestät alleruntertänigst vortragen zu dürfen.
Als vor nunmehr heute Hundert Jahren Euer Majestät erlauchter Ahnherr sein preussisches Volk zu den Waffen rief, und als das ganze Deutsche Volk wie ein Mann sich erhob, um die Ketten zu zerbrechen, in die Napoleon I. es geschlagen hatte, da brachte das Volk sein Letztes dar, um die nötigen Mittel zur Führung des Krieges zu ermöglichen. Unter diesen Opfern berichtet die Geschichte von der Hingabe goldener Trauringe für eiserne, welche die Inschrift trugen ‚Gold gab ich für Eisen'. Und noch heute bewahren viele Geschlechter als heilig Vermächtnis des Ahnherrn eisernen Traureif.
Ich nenne mich mit Stolz einen Sohn des Elsass. Aber unmittelbar mit der Liebe zur heiligen elsässischen Heimat verknüpft ist mir selbst wie der überwältigenden Mehrheit meiner elsässischen Brüder die Treue zu unserem herrlichen Deutschen Vaterlande. Und so möchte auch ich mein bescheidenes Scherflein zu der Summe stiften dürfen, deren das Vaterland bedarf, und möchte anregen dürfen, dass auch Anderen die Möglichkeit werde, ein Gleiches zu tun.
Eure Majestät wollen allergnädigst geruhen, zu befehlen, dass ein Ausschuss Deutscher Männer und Frauen aus dem wenig begüterten Mittelstande zusammentrete, der dann von sich aus die nötigen Aufrufe erlässt, die eingehenden Goldreifen sammelt, und den Einsendern derselben dafür eiserne Trauringe zustellt, die aussen die Zahl 1913 und innen je die Gravierung der goldenen Urstücke tragen[.]
Für die zu errichtenden Sammelstellen käme wol am Bestem die Kriegervereine und die örtlichen Vereinigungen des Flottenvereins und des Wehrvereins, vielleicht auch des Luftflottenvereins, in Betracht, und so könnte jedes kleinste Dörflein im weiten Vaterlande sich an dem vaterländischen Werke beteiligen und so Werke schaffen helfen, die in unserer schweren Zeit durch das Beispiel der Väter

den Söhnen zum Segen gereichen würden. Und ich bin sicher, dass weiteste Kreise des Deutschen Volkes sich mit Begeisterung an diesem vaterländischen Werke beteiligen würden.
Damit schliesse ich und verharre in tiefster Ehrerbietung als

Euer Kaiserlichen Majestät
Alleruntertänigster, treugehorsamster Diener
Heinrich August Jaeger

Dokument 86
GStA PK, I. HA, Rep. 89, 848, Bl. 27 *

Burscheid, Bez. Düsseldorf, den 2. Juni 1914
Aller durchlauchtigster, großmächtigster Kaiser!
Allergnädigster Kaiser, König und Herr!

Unter Bezugnahme auf die am 20. Juni dieses Jahres stattfindende Taufe des Schwesterschiffes des Dampfers ‚Vaterland' möchte die Ew. Majestät alleruntertänigst bitte, mit in Erwägung zu ziehen, ob dem neuen Schiffe nicht der Name ‚Heimat' verliehen werden könnte.
Jeder echte und rechte Deutsche ist doch sicherlich stolz auf sein Vaterland, nicht minder aber auf seine Heimat, und so sind ‚Vaterland und Heimat' nebeneinander unzertrennbare Gedanken.
Indem ich um gnädigste Aufnahme meines Schreibens bitten möchte, zeichne

alleruntertänigst
Philipp Harald Schäfer

יְחִי הַמֶּלֶךְ וִילְהֶעלְם הַשֵּׁנִי

Es lebe Kaiser Wilhelm der Zweiten!

יָדְךָ בְּעֹרֶף אֹיְבֶיךָ

Deine Hand sei auf dem Nacken deiner Feinde.

(I. B. Mos. Cap. 49 v. 8.)

Belgien   ב
England   ע
Rußland   ר
Frankreich   ף

„Bedenken Majestät, daß jeder Mensch gerne lebt"
Der Weltkrieg

Dokument 87
GStA PK, I. HA, Rep. 89, 853, Bl. 65-67

Berlin, den 29. Dezember 1914.

Allerdurchlauchtigster, Allermächtigster
Allergnädigster Kaiser König und Herr!

Der untertänigst Unterzeichnete wagt es Seiner Majestät das beiliegende Blatt in tiefer Ehrfurcht zu unterbreiten. Er ist Oesterreichischer Staatsangehöriger und seit anderthalb Jahrzehnten in Berlin wohnhaft. Ihn treibt sein Herz, seine hohe Bewunderung für die deutsche Kultur und Gesittung, für die erhabenen hinreißenden Taten Eurer Majestät in einer Weise Ausdruck zu geben, die ihm den überzeugten Juden, am nächsten liegt.

In der Ueberzeugung, daß auf Erden nichts geschieht, was nicht der Wille Gottes bestimmt und daß in seinem heiligen Wort, wie Er es in den fünf Büchern Mosis niedergelegt, alle Geschicke der Völker vorgezeichnet sind, - in dieser Ueberzeugung glaubt der untertänigst Unterzeichnete im ersten der fünf Bücher Mosis klare Deutung gefunden zu haben, daß Euer Kaiserliche Majestät in dem schweren Kriege siegreich sein müssen.

Der hebräische Ausdruck für „auf dem Nacken" lautet [hebräische Buchstaben] diese vier hebräische Buchstaben sind die Anfangsbuchstaben der Völker Belgien, England, Russland, Frankreich. Dem beigefügten Blatte hat der untertänigst Unterzeichnete in hebräischer Sprache die Widmung vorangesetzt. „Es lebe Kaiser Wilhelm!" Die Anfangsbuchstaben dieses Jubelrufes, die er sich erlaubt hat, durch Farben hervorzuheben, stellen den heiligen Gottesnamen dar (I.H.W.A.)

Für das höchste Glück seines Lebens würde es der untertänigst Unterzeichnete betrachten, wenn Eure Kaiserliche Majestät die hohe Gnade haben wollte, die tiefster Dankbarkeit und Verehrung entstammende Widmung allergnädigst anzunehmen.

Eurer Kaiserlichen und Königlichen Majestät alleruntertänigster, dankbarer
Baruch Nacht
Grenadierstraße 3

Dokument 88
PA, R 3823, Bl. 62-65

Abgesendet den 2. August 1915

Seiner Majestät
Kaiser Wilhelm II.
im Feldlager

Euere Majestät!

Will Deutschland die einzig annehmbare Friedensbedingung seiner Gegner erfahren und das Endresultat des Weltkrieges wissen?
Die grossartigen Siege der Deutschen Armee über alle Völker haben mehr denn je die einzige Möglichkeit der Beendigung des Weltkrieges bestimmt: ‚Zwang der furchtbaren Militärmacht Deutschlands zur gefahrlosen Parität der anderen großen Völker Europas.'
Je mehr Gebiet der europeischen Völker die Deutsche Armee erobert, je fester wird dieser Wille der europeischen Völker, wie der ganzen Welt. Solange die Militärdiktatur Europa bedroht, ist das Ende des Weltkrieges unmöglich.
Heute steht Deutschland noch vor der freien Wahl: Einen solchen Frieden selbst und aus freien Willen, solange es noch am Gipfel seiner Macht und Kraft steht, den europeischen Völkern anzubieten - oder durch noch langen Kampf mit unermässlichen allseitigen Opfer und Blutvergiesen sich von allen zu seinem solchen Frieden zwingen zu lassen. [...]
Kaiser Wilhelm II, ziehe [...] unsere Dinastie und das Habsburgische Reich nicht mit sich ins Verderben; denn endlich auch Dein eigenes Reich und das Deutsche Volk kann nicht gegen die ganze Welt, sondern nur in der Harmonie mit allen Kulturvölkern prosperieren.
Heute kannst Du noch aus eigenem freien Willen Ehrenfrieden mit Deinen Gegnern schliesen und Dich zu gleichen Bundesgenossen der grossen Völker Europas mit voller Würde anzubieten. Nach dem Dardanellenfalle wird es schon den Schein eines Zwanges annehmen und zu allerletzt zu einem wahren Zwange werden. -
Kaiser Wilhelm II! Bedenke des Napoleon! Zwanzig Jahre hat er über Europa Militärdiktatur ausgeübt, drei Königskronen ausgeteilt und zuletzt selbst enttront einsam auf Elba geendet. Die Völker Europas vertragen die Herrschaft eines Mannes oder Volkes nimmermehr!
Wilhelm II! Ich bilde mir nicht ein, das diese Zeilen eine Wirkung haben werden, doch, wenn Du einst degemütigt und verlassen über Dein Schicksal nachdenken wirst, erinnere Dich, dass ein einfacher Mährischer Bauer Dir alles das profezeit und Dich davor gewarnt hat, solange noch Zeit war und Du auf der Höhe Deiner Macht gestanden und die Geschicke Europas, ja der ganzen Welt in eigenen Händen gehalten hast.

Ich aber tue es aus Liebe, Anhänglichkeit, Treue und in banger Sorge um meine eigene geliebte Habsburgische Dinastie, die so treu an Deiner Seite steht und sich allen Deinen Gefahren mitaussätzt.
Kaiser Wilhelm II! Dein Stern hat gerade seinen Zenit erreicht. Schütze ihn vor den jehen Untergang!

Sarajevo den 24. August 1915
Somas Defek

Dokument 89
GStA PK, I. HA, Rep. 89, 848, Bl. 112-113 *

Leipzig-G[ohlis], 18./12.1916

An
Sr. Majestät den deutschen Kaiser,
Berlin.

Ich muss Sr. Ehrwürden vielmals gütigst um Verzeihung bitten, wenn ich mit einer grossen Bitte an Euer Hochwohlgeboren herantrete.
Ich habe von einem sehr guten Bekannten (Herrn J.K. Oosterwyk in Ootmarsum) ein Paket Butter geschickt erhalten, was mir die Zentral-Einkaufsgesellschaft Abteilung 9a (Auslandsbutter) in Berlin nicht aushändigen will, mit der Begründung, dass solche beschlagnahmt sei. Herr Oosterwyk, den ich bei meinen Eltern ebenfalls eingeführt habe, sandte mir solche zu, damit ich meinen lieben Eltern eine grosse Weihnachtsfreude machen könnte.
Obwohl mir bekannt ist, dass inländische Butter beschlagnahmt ist, kann ich mich doch mit dem Bescheid von der Z.E.G. keinesfalls einverstanden erklären, da in diesem Falle weder meine Mitbürger, noch mein Vaterland selbst darunter leidet, denn erstens stammt die Butter aus dem neutralen Auslande, also nicht aus Deutschland und zweitens wurde mir solche geschenkt. Eine Ausrede seitens der Z.E.G., dass der deutschen Devisenkurs dadurch benachteiligt ist, wäre hier also nicht vorhanden, da ich kein Geld abführe, noch abgeführt habe.
Meinem Vater, einem alten Briefträger am hiesigen Platze, der durch den jetzigen, infolge Mangel an Personal sehr anstrengenden Dienst und durch die minderwertige Ernährung furchtbar abgemagert und entkräftet ist, sowie meiner Mutter, die vor Kummer und Gram um einen im Felde verwundeten und nach 7 monatigen Siechtum und furchtbaren Schmerzen hier verstorbenen Bruder ganz gebückt einherschreitet, sollte diese Butter dienen, um sie dadurch wieder etwas zu Kräften zu bringen. Ich habe ebenfalls noch einen an Bleikolik erkrankten Bruder, der durch seinen Beruf als Schriftsetzer-Lehrling ebenfalls etwas Fett sehr nötig hat. –
Meine Pflicht als echtes deutsches Mädchen ist es, dafür zu sorgen, dass meine lieben Eltern noch recht lange im Kreise ihrer Familie verleben können und sie in

der jetzigen schweren Zeit auf jede Weise zu unterstützen, was ich durch reges Arbeiten, bezw. finanzielle Geldverhältnisse tun muss. Mit dem wenigen Geld, was man sich jetzt in der teuren Zeit verdient, kann man allerdings wenig ausrichten und so war ich froh, als mir obengenannter Herr ein Paket Butter anbot.
Ich trete nun an Sr. Majestät mit der ergebensten Bitte heran, mein Ansuchen bei der Zentral-Einkaufs-Gesellschaft zu befürworten, damit mir meine Butter ausgeliefert wird. Ich bin Sr. Ehrwürden bereits im Voraus dafür sehr dankbar.

Mit vorzüglicher Hochachtung
ganz ergebenst!
Else Nössig

Den Dank dafür werde ich dem Vaterlande darbringen.

Dokument 90
GStA PK, I. HA, Rep. 89, 848, Bl. 133-134 *

[o.O.]
4.5.17

Seiner Majestät!

Das unerbittliche + schreckliche Ringen dieses Weltkrieges bringt einen guten Deutschen auf den vielleicht sehr eigenartigen Gedanken, sich direkt an den obersten Kriegsherrn zu wenden mit der Bitte, seinen Vorschlag in Erwägung zu ziehen, der vielleicht dem Morden von Millionen von Menschen + Völker ein Ende bereiten kann. Es ist sicher Euerer Majestät nicht entgangen, daß die meisten Völker der Erde keine Monarchie mehr wünschen, zweifelsohne begründen die meisten Völker der Erde den großen Kampf mit der Freiheit der Völker von der Monarchie.
Wenn nun Seiner Majestät wirklich ein Empfinden für das Wohl seines Volkes haben um ihm das Leben + die Freiheit wieder zu geben + Millionen zu retten vom sicheren Tot + Verderben, so sollte eure Majestät doch den aufrichtigen Versuch machen seine Mitbürger zu retten + sich als Einer für alle opfern, wie sich Alle für Einen geopfert haben. Eure Majestät kann auch ohne den ganzen Rang + Tittel leben, vielleicht viel ruhiger. Geben Eurer Majestät die Krone, die heute doch nur eine Last sein muß, von selbst + freiwillig auf + schlagen selbst eine Rebuplick vor, um was unsere vielen Feinde angeblich nur kämpfen, dann kann + muß der schreckliche Kampf doch nicht mehr nötig sein. Eurer Majestät werden dann sicherer als so sein + zugleich der größte + selbstloseste Mensch der Welt sein. Millionen von Menschen erhalten Eure Majestät aber das Leben + schützen sie vor schrecklichem Sichtum + Verderben. Bedenken Majestät, daß jeder Mensch gerne lebt + laßen Majestät nicht Opfer auf Opfer kommen, sondern

bringen Majestät selbst das Größte das noch nicht mal das Leben bedeutet, es könnte sonst noch Schrecklicheres über seiner Majestät + das Volk kommen. Unsere Feinde sollen dann beweisen um was sie wirklich kämpfen. Das deutsche Volk aber wird dann erst recht herzerfüllt auf Euer wirkliche Majestät blicken + den größten Mann + Menschen schützen, ehren, achten + lieben. Walte Gott, daß dieser Brief in Euer Majestät, für das Volk väterlichen Hände, gelangt + diese schlichten Zeilen würdig aufgenommen werden. –

[anon.]

Dokument 91
GStA PK, I. HA, Rep. 89, 845, Bl. 241

Wien, den 6.7.1917

An Sr. Majestät, Kaiser Wilhelm.

Majestät!

Machen Sie sich nur schleunigst von hier und aus dem Staube, sonst werden Sie einige unerschrockene Männer, welche sich vor nichts fürchten und die Menschheit von einem Scheusal befreien möchten, dorthin schicken, wohin der größte Verbrecher seit Bestand der Welt hingehört: In die Hölle!

Dies zu Ihrer Richtschnur, was Ihnen hier in Österreich harrt; die Preussen können sich ja weiter von Ihnen knechten lassen.

Einer für Millionen

N.B. Bringen Sie uns vielleicht neue Musterungen? Gutes jedenfalls nicht!

Dokument 92
GStA PK, I. HA, Rep. 89, 849, Bl. 324

Stollberg (Erzgebirge), den 9. Januar 1918

An Se. Majestät den deutschen Kaiser,
Berlin.

Der untertänigst Unterzeichnete gibt Ew. Majestät hierdurch Kenntnis von nachstehender gestern an den Reichskanzler gerichteten Drahtung:

‚Machtstellung loyale Gesinnung und gutes Recht haben Ew. Exzellenz selbst als Richtlinien für deutsche Friedensverhandlungen aufgestellt. Für das erlösende Wort ist das deutsche Volk dankbar. Möge dem Wort nun auch eine kraftvolle Politik folgen. In sorgenvoller Stunde und im Auftrage zahlreicher Bürger insbesondere des Mittestandes Dr. Tischer.'
Ew. Majestät wollen im Anschluss hieran die Bitte entgegennehmen, mit allen Kräften dafür zu sorgen, dass eine starke deutsche Politik gemacht wird, die im Einklang steht mit den militärischen Erfolgen und mit den Worten des Reichskanzlers. Die Heeresleitung, die ihren Befähigungsnachweis bis jetzt so glänzend erbracht hat, hat das ganze deutsche Volk hinter sich. Bei Meinungsverschiedenheiten zwischen Reichsleitung und Heeresleitung wird also diese unbedingt massgebend sein müssen. Wenn auch der einzelne unter uns die innersten Zusammenhänge der verwickelten Gesamtlage nicht zu übersehen vermag, so vermissen wir doch in treudeutscher Gesinnung und in banger Sorge gerade in diesen schicksalsschweren Stunden eine kraftvolle deutsche Haltung, wie sie z.B. bei den Waffenstillstandsverhandlungen im Osten als selbstverständlich von militärischer Seite bekundet wurde. Vorsicht gegenüber England, Rücksicht gegenüber Russland, aber auch nur gegenüber Russland! Das erscheint uns als das Gebot der Stunde. Wir vertrauen auf Ew. Majestät mit der Versicherung unwandelbarer Treue

untertänigst:
Dr. Tischer

Dokument 93
GStA PK, I. HA, Rep. 89, 848, Bl. 184-185

Kaiserliche Majestät!

Unterzeichneter betrachtet die Stunde für gekommen, die rettende Hand für Kaiser und Reich anzubieten.
Ich bin in der Lage, der Welt binnen 4 Wochen den Frieden zu bringen.
Wenn Ew. Majestät wollen, können wir noch vor Beginn des Winters Frieden haben und zwar einen Frieden der für Deutschland die größte Zukunft bedeutet.
Nun zur Sache selbst.
Ich betrachte die Lage von folgendem Gesichtspunkt aus.
Deutschland hat in diesem Krieg gesiegt. Mehr mit dem Schwert erreichen zu wollen ist Wahnsinn und würde sich bitter rächen (Siehe die letzten Ereignisse.)
Gewiß soll Deutschland den entgültigen Sieg davontragen, doch soll dieser Sieg nicht allein von dem militärischen Deutschland sondern – und zwar in der Hauptsache – von dem geistigen Deutschland errungen werden.

Auch soll sich dieser Sieg nicht nur auf territorialem Gebiet, sondern – was weit wichtiger ist – auf das weite Feld der Moral erstrecken.
Ein Sieg auf der ganzen Linie soll es werden. Und dieser Sieg kann und wird nur erreicht werden, wenn Deutschland sein gewaltiges Geistesschwert zieht.
Das geistige Schwert soll jedoch nicht nur über unsere Feinde, sondern auch über uns selbst siegen. Ganze Arbeit soll verrichtet werden nach innen wie nach außen. Nur so kann mit wenigen Schwertstreichen Frieden unter den Menschen gebracht werden. Alle Streitfragen würden auf einfache Weise gelöst, aller Völkerhaß würde erlöschen, nur an Stelle des Hasses würde das Band der Liebe um alle Völker der Erde geschlungen werden.
Denn nicht nur Friede soll werden, sondern es sollen der Menschheit gleichzeitig die Tore einer neuen Welt geöffnet werden, eine Welt in der hinfort die Menschen in Friede und Freundschaft nebeneinander leben können.
So würde die Lösung der Lage, sowie das Neue, Herrliche, das entstanden ist, von Deutschland ausgegangen sein, würde also gewissermaßen als ein Geschenk Deutschlands an die Erdenvölker zu betrachten sein.
Diese Tatsache würde die Welt in ihren zu Unrecht bestandenen Deutschenhaß beschämen. Und diese Scham würde wie Oel auf die Wagen des Hasses wirken, würde die bewegte Menschenseele glätten und Ruhe und Stille, eine Stille die Andacht ist, würde auf den Erdenrund ob dieses gewaltigen Erlebnisses eintreten. Man würde tiefe Ehrfurcht vor Deutschland empfinden, vor jenem sogut wie von diesem. Man würde Deutschland ohne weiteres die ihm gebührende führende Rolle zusprechen und sich gerne dessen Anforderungen fügen in der richtigen Erkenntnis da ja nur Gutes von diesem Lande und Volke ausgehen kann.
So würde sich Deutschlands Sendung: der Welt das Heil bringen, erfüllen.
Eine Wendung der Dinge würde eingetreten sein die das größte Erlebnis bedenken würde und das man sich nur als einen offensichtlichen Willen einer höheren Fügung erklären könnte.
Dieser Umstand würde zur Festigung der Stellung Deutschlands in der Welt sein Nötiges beitragen.
Nun noch ein Wort zur inneren Erweckung.
Ew. Majestät sind, wie ich mich des Oefteren aus ew. Majestät Äußerungen überzeugt habe, von dem hohen Beruf Deutschlands überzeugt.
Ew. Majestät haben auch trotz der Länge des Krieges, trotz allem Sinnverwirrenden des Erlebten und trotz der Wechselfälle des Schicksals den Glauben an die Sendung Deutschlands nicht verloren.
Ew. Majestät werden vieleicht auch schon das dumpfe Gefühl gehabt haben, daß etwas außerordentliches, etwas ganz außergewöhnliches, etwas, das schier ans Wunderbare grenzt sich ereignen müßte um jene Wendung im Kriege vollziehen zu lassen.
Mein Vorhaben stellt diese ganz außergewöhnliche Tat dar. Es wird mir, dank dem Unternehmen innenwohnenden höheren Kraft und des Willens innerhalb weniger Wochen spielend gelingen die gewünschte Wendung der Dinge eintreten zu lassen.

Es soll eine tat sein, so groß und gigantisch, daß von Stund an alle Völker der Erde wie zu etwas Ueberirdischen zu Deutschland aufschauen werden.
Ew. Majestät haben nun zu entscheiden
Entweder: den Entscheid weiterhin dem militärischen Deutschland anzuvertrauen, was den Untergang Deutschlands u. die Verwirklichung der feindlichen Pläne bedeutet,
oder: den Entscheid dem geistigen Schwert Deutschlands anzuvertrauen durch dessen Tat Deutschland nicht nur errettet sondern zur höchsten Stellung im irdischen Leben erhöhen wird.
Ew. Majestät Wahl dürfte wohl nicht schwer fallen, denn sich der letzteren, der höheren Kraft ganz anzuvertrauen, bedeutet nichts anderes als die angerufene Hilfe Gottes anzunehmen die sich in diesem Schreiben offenbart.
Wenn also ew. Majestät wollen, kann die Welt bis Weihnachten in Frieden leben. Und nicht nur Frieden soll sie haben, sondern es soll aus der alten eine neue herrliche Welt erstehen, eine Welt die den vielen Opfern die ihretwillen gebracht wurden sich auch würdig erweisen wird. Näheres bei der Audienz, um die ich bitte.

Ew. Majestät ganz untertänigster Diener,
Edwin Schuster

Nürnberg, 29. Sept. 18
Gabelsbergerstr. 62 I

Dokument 94
GStA PK, I. HA, Rep. 89, 848, Bl. 222-223

S.M. Kaiser Wilhelm II.

Wie Dir so deinem Volke so auch der ganzen Welt ist bekannt in welchem Land die bittere Kriegswurzel aufgegangen welche in kurzer Zeit sich über ganz Europa ausgebildet hatt und hatt uns alle Bequemlichkeit geraubt und jetzt tausende und abertausende Familien mit der Bitterkeit ihr Leben vergiftet und tausende und abertausende Witwen und Weisen suchen zu Gott und Rache.
Deutscher Stolz hat es verschuldet und deswegen mus Deutschland alls Vorbild sein jetzt der ganzen Welt. Die Ehrfurcht vor Gott kann es noch retten, am Himmel leuchtet uns ein wunderschöner Stern der sich das Deutsche Volk liebgewonnen und will Ihn retten wenn im letzten Augenblick seine Bitte erfüllt.
Unweit Dresden bei Kossmannsdorf im Rabenauer Grund liegt ein schönes Fleckchen Erde dieses erkennst Du nach dem grossen künstlichen Wasserfall, auf diesen Flecken Erde erbaust Du eine schöne zweitürmige Kirche welche katholisch der Marie Wallfahrt eingeweiht sein mus und dies der abschluss des Welt-

krieges und die Kirche des Friedens sein mus resp. wird dieser Kirche der Grundstein mit eigener Hand legen, erfüllst Du diese Bitte dem Stern wendet sich die bessere seite für das Deutsche Volk und den Allgemeinen Frieden zu. Gott will uns Verzeihen und uns alles Wiedergeben was wir durch die Sünde verloren, fallte nicht die Hände in den Schoss es ist noch nicht alles verloren den was Menschenverstand nicht begreif kann alles Gott geben.
Willst Du aber diese Bitte auslachen dann bleibst Du mit dem ganzen Volke zum Hohn der ganzen Welt. Wehle also wie Du wilst rate Dir vom Innersten Herzen fürchte nicht demütig vor Jesus Kristus dein Haupt zu beugen den er ist Gott Herr im Himmel und auf Erden und hatt sich so tief erniedrigt für uns Menschen das er im Stall geboren wurde unserer Sünden wegen und er verlangt auch nichts anderes von uns wie Demut, Liebe und Ehre vor der Mutter Gottes der Allerreinsten Mutter die er selbst als Gottes Kind verehrt hatt Maria die reinste Mutter hatt noch niemanden verlassen der sein Haupt Demütig vor Ihren Trohn gebeugt.
An der Stirn deiner Armee steht ein Mann dem Du selbst ergeben bist vor diesem warne Dich Liebst Du wirklich Dein Volk rette ihn mit Deiner eigenen Schulter.

zu Dresden im Oktober 1918
[anon.]

Dokument 95
GStA PK, I. HA, Rep. 89, 849, Bl. 351 *

Frankfurt a/M, 4. Oktober 1918

Majestät,

Gestatten Sie, dass ich Ihnen voll aufrichtiger Ehrfurcht im Namen der Menschheit danke, dass Sie den Schritt getan haben, der die Welt vor dem Untergange bewahrt habe, dass Sie Ihrem Volke seine eigene Regierung geschenkt haben.
Ihre Gegner werden es Ihnen vielleicht als Schwäche auslegen. Aber Gott weiss, wie gross Ihre Tat war.
Endlich haben Sie, Majestät, Ihren Gegnern Gelegenheit gegeben, zu beweisen, dass es ihnen Ernst sei mit der Behauptung: ‚Mit einer demokratischen deutschen Regierung wollen wir sofort verhandeln.' Nun kann niemand mehr dem deutschen Volke den Vorwurf machen, dass es den Frieden nicht wolle.
Und wenn nun, wie zu erwarten ist, bald das Ende dieses furchtbaren Krieges kommt, dann verdankt die Welt Ihnen, Majestät, diesen Segen.
Unter Hintansetzung Ihrer Person haben Sie Ihrem Lande seine Regierung geschenkt. Diesen Schritt wird kaum jemand vollauf zu würdigen wissen.
Gott wird sie segnen für diese Tat. –

Und ich hoffe, dass Er mir noch einmal die Gelegenheit geben wird, Ihnen die Hände zu küssen, die der Welt den Frieden schenkten.

Voll inniger Ehrerbietung
Ihrer Majestät ergebene
Sophie v. Leer

Dokument 96
GStA PK, I. HA, Rep. 89, 845, Bl. 270 *

[o.O., O.Dat., Eingangsstempel: 06.10.1918]

Majestät!

Bisher habe ich Sie immer noch verteidigt, jetzt verachte ich Sie. Das was gute Deutsche jahrhundertelang ersehnt, was Bismarck in so großartiger Weise ausgeführt, geben Sie in schlotternder Angst vor dem Stirnrunzeln eines Scheidemann preis. Ihr seliger Großvater, der alte gute Herr und Bismarck, beide würden sich im Grabe umdrehen, wenn sie es wüßten.

Als anständiger Kerl müßten Sie die Kugel wählen; vielleicht können Sie noch unterkommen als Steigbügellecker (nicht -halter) beim Papst.
Pfui Teufel, und so was nennt sich Deutscher Kaiser! Pfui Teufel!

[anon.]

Dokument 97
GStA PK, I. HA, Rep. 89, 849, Bl. 353 *

Königsberg, den 10.10.1918

An den deutschen Kaiser!

Ew. Majestät haben den Geist von 1814 für das deutsche Volk gewünscht. Das Volk wünscht Ihnen den Geist Ihres hochseligen Herrn Grossvaters, der es in schweren Zeiten verstanden hat, sich die rechten Ratgeber auszusuchen. Der Geist von 1814 war 1914 vorhanden. Ihre Ratgeber haben ihn mit Keulen totgeschlagen. Heute stützt sich ein Hohenzoller auf die Parteien, die stets Gegner Bismarcks und des Reiches gewesen sind. Sie haben das Ansehen der deutschen Kaiser nur durch Pomp und äusseren Firlefans gehoben, alles selbst gemacht, Schmeichler u. Speichellecker um sich geduldet, so dass seit Jahren das ganze Volk Ihnen irre geworden ist. Ihre Briefe an England im Jahre 1908 sind als Verrat am Volk angesehen. Soviel Reden Sie gehalten, soviel Widersprüche. In krankhafter Selbstüberhebung haben Sie einen Bismarck hinausgeschmissen und machen heute Kotau vor Scheidemann u. Erzberger. Wenn im alten Rom der Feind vor den Toren stand, wählte man sich einen Diktator, Sie machen es umgekehrt und stürzen kopflos das Volk, das beste der Erde in den Abgrund. Sie predigen Deutschtum und laufen allem Fremden nach [...]. Sie haben von Gott einen Hindenburg und Ludendorff bekommen und hören nicht auf sie. Sie lassen sich als Friedrich d. Gr. preisen und sind nur ein Friedrich Wilhelm IV. Das Volk, das königstreue Volk glaubt nicht mehr an Sie und ihre schönen Worte, denen die Taten nie folgen und nie folgen werden. Wer das polnische Reich geschaffen hat, ist unfähig deutsche Politik zu machen.

Ein alter Veteran 70/71

Dokument 98
GStA PK, I. HA, Rep. 89, 849, Bl. 352 *

[o.O., o.Dat., Eingangsstempel: 12.10.1918]

Majestät!

Im Anfang des Krieges haben Eure Majestät gesagt: Ich kenne keine Parteien mehr, ich kenne nur noch Deutsche. Aber seit langem merken wir daß Eure Majestät nur noch Parteien kennen, und grade die Parteien kennen welche stets gegen Kaiser und Reich gewesen sind weil sie allein wollen regieren und nun haben Eure Majestät diesen Parteien das Reich ausgeliefert ohne der großen Mehrzahl des deutschen Volkes die Möglichkeit zu geben ihre Meinung zu äußern. Das starke Vertrauen in unserem Volke ist aufs heftigste erschüttert, schon gehen dumpfe Gerüchte, daß die Parteiführer welche jetzt die Macht haben es so machen wollen wie die Sowjet in Rußland und wollen Terrorismus aufrichten und mit Soldatenhaufen alle Häuser untersuchen lassen und alles wegnehmen so dass wir russische Zustände kriegen. Eure Majestät! geben Eure Majestät uns das Vertrauen wieder und machen Eure Majestät nun Halt, geben nicht alle Macht aus der Hand, dass es wird wie in Rußland. Die Leute denen jetzt die Macht von Eurer Majestät in die Hand gegeben ist werden sich nicht besinnen. Eurer Majestät ist gleiches Schicksal zu bereiten wie dem Zaren. Majestät es giebt auch noch Deutsche welche keine Schreier und Demokraten sind und das sind die meisten das sind die bisher treu ausgehalten haben und haben gearbeitet und gehungert aber nicht im Reichstage gehässige Reden geführt worüber die Feinde sich freuen konnten. Majestät wenn selbst der Graf Hertling nicht mehr mit den demokratischen Leuten hat wollen regieren so ist das deutlich genug was die wollen. Eure Majestät will doch nicht den Bürgerkrieg wie in Rußland und wir wollen ihn nicht dann hätten unsere Feinde gewonnen und hätten ihren Willen. Aber Majestät wenn es in der Regierung so weiter geht dann kommt der Bürgerkrieg sicher denn zu Kaiser und Reich halten wir treu aber von den demokratischen Schreiern die nur den eigenen Vorteil suchen wollen wir uns nicht regieren lassen. Eure Majestät wir bitten herzlich machen Eure Majestät es wie im Anfang des Krieges dann wird mit Gottes Hülfe es noch gut werden. Nur fest stehen müssen Eure Majestät jetzt das macht allein Eindruck auf die Feinde durch das Hin und Her sind unsere Feinde erst recht trotzig geworden und werden es immer mehr. Lassen Eure Majestät sich nicht von den Demokraten regieren und ins Unglück bringen denn die bringen überall Unglück.

Ich bin Eurer Majestät untertäniger
A. Ruge

Dokument 99
GStA PK, I. HA, Rep. 89, 845, Bl. 273 *

Bambergerstraße 14 [o.O.]
den 12-10-18

Majestät!

Ich habe mein Liebstes, meinen Mann 1915 fürs Vaterland gegeben. In dieser schweren Schicksalsstunde unseres Vaterlandes denke ich voll tiefster Ergebenheit an Euer Majestät und erlaube mir, dies hiermit zum Ausdruck zu bringen.

Eleonore Moll
Bambergstraße 14

Dokument 100
GStA PK, I. HA, Rep. 89, 848, Bl. 216-217 *

[o.O.]

Euer Majestät!

Euer Majestät wollen die Gnade haben, einem deutschen Mädchen 2 Minuten Gehör schenken zu wollen.
Euer Majestät heiligste Pflicht müßte es jetzt sein, dem Lauf der Dinge Einhalt zu gebieten, sei es durch Auflösung dieses un- und widerdeutschen Reichstages. Dieser Reichstag ist nicht die Vertretung des ganzen deutschen Volkes; ja ich wollte, es käme eine Revolution gegen diese Regierung.

Nie ist es möglich, daß wir uns unseren Feinden so schmachvoll bedingungslos ergeben, wo wir doch militärisch und wirtschaftlich durchaus gut stehen. Niemals sind wir geschlagen; die Truppen draußen sind voll Siegeswillen; und in der Heimat ist noch niemand verhungert. Sollen wir denn der Willkür ausgeliefert sein von Leuten wie dieser Erzberger, dieser Kriegsgewinnler, der seine Millionen im Auslande gesichert hat und jetzt hohnlacht über uns? – Und ist unser Verhalten nicht schreiender Undank gegen Gott und auch Millionen von Menschen? Gegen Gott, der uns so wunderbar geführt hat bisher, und das kleine Häuflein gegen die ganze Welt, hat siegen lassen? Und gegen alle die Menschen, die sich jetzt sorgen müssen, daß ihrer Lieben Opfertod vergeblich, umsonst war? Welch entsetzliche Verantwortung übernehmen Euer Majestät und die führenden Stellen da vor Gott!

Wenn wir auch jetzt vielleicht noch nicht völlig vernichtet würden, so würde das doch in wenigen Jahren durch einen erneuten, unvermeidlichen noch viel furchtbareren Krieg, womöglich im eigenen Lande, geschehen; dafür wird Amerika und England schon sorgen.

Darum: Wir wollen uns nicht ergeben! Wir wollen kämpfen und durchhalten bis zum letzten Blutstropfen und letzten Atemzug und, wenn es sein muß, freudig, aber ehrenvoll untergehen, wie es deutsche Art ist! Nur nicht in Schmach und Schande weiterleben!

Jene Frau in Berlin am 2. Oktober hatte Recht: ‚Wenn Männer schweigen, müssen Frauen reden!'

Noch aber setze ich, als eine Deutsche, ja ich betone als eine preußische Generalstochter, mein Vertrauen auf Euer Majestät Mut und Willen zum Besten des deutschen Volkes.

Eine für viele aus dem Osten Deutschlands!
den 14. Oktober 1918

Anmerkungen

Dok. 2: Das Schloss Kassel Wilhelmshöhe diente den Hohenzollern nach 1866 als Sommerresidenz. Davor war es im Besitz der Landgrafen und Kurfürsten von Hessen-Kassel. – Die vom Schreiber erwähnte Bibelstelle aus dem Neuen Testament behandelt die „Warnung vor Verführung zum Abfall". Dort heißt es: „Wer aber einen dieser Kleinen, die an mich glauben, zum Abfall verführt, für den wäre es besser, dass ein Mühlstein an seinen Hals gehängt und er ersäuft würde im Meer, wo es am tiefsten ist."

Dok. 3: Bei der Schreiberin handelte es sich um die Schriftstellerin Henriette Clara von Förster. Das genannte Bühnenstück *Die drei Linden. Schauspiel in 4 Akten nach einer märkischen Sage* erschien im Jahr 1896. Die im Brief erwähnte Nuscha Butze war seit 1888 als Schauspielerin am ‚Berliner Theater' engagiert und spielte seit 1897 am Berliner ‚Theater des Westens'. Zwischen 1898 und 1902 übernahm sie die Direktion des ‚Neuen Theaters' in Berlin. Bei dem im Brief genannten Künstlerpaar handelte es sich um den Schauspieler Alois Prasch, der 1895 die Leitung des ‚Berliner Theaters' und 1897 auch die des ‚Theaters des Westens' übernahm, sowie die Schauspielerin Auguste Prasch-Grevenberg.

Dok. 4: Der Schreiber warb in seinem Brief für eine der sogenannten Völkerschauen – zooähnliche Zurschaustellungen „exotische[r] Völkerschaften" – die der Tierhändler und spätere Zoogründer Carl Hagenbeck bereits seit 1875 veranstaltete. Bis 1940 fanden in Deutschland rund 400 Völkerschauen verschiedener Veranstalter statt.

Dok. 5: Der Schreiber wandte sich in der gleichen Angelegenheit noch zwei weitere Male brieflich an den Kaiser: Zunächst am 1. September 1904 mit einem Schreiben in französischer Sprache, dann am 11. November 1904 mit einem Brief, dessen Wortlaut mit dem zitierten nahezu identisch war.

Dok. 7: Der Versicherungsagent schrieb dem Kaiser während einer seiner Nordlandfahrten, die Wilhelm nach 1889 jeden Sommer an Bord der kaiserlichen Yacht unternahm. – In der Anlage des Schreibens befand sich der erwähnte Prospekt, der eine „Eisenbahn-Unfallversicherung und Dampfschiffs-Unglücksversicherung auf Lebenszeit" bewarb, „gültig für alle dem öffentlichen Verkehr dienenden Eisenbahnen, auch Kleinbahnen, Strassenbahnen, Pferdebahnen, elektrische Bahnen, Drahtseilbahnen, Hochbahnen, Schwebebahnen, Untergrundbahnen und Zahnradbahnen in der ganzen Welt und für alle dem öffentlichen Personenverkehr dienenden Dampfschiffe und Motorboote auf allen Flüssen und Binnen-Gewässern Europas".

Dok. 10: In der Anlage des Briefes befand sich ein Zeitungsausschnitt aus dem *General-Anzeiger Ludwigshafen a. Rh.* vom 14. Mai 1907, in dem der Aufsatz des Mädchens abgedruckt worden war. Der mit einem Blaustift eingerahmte Text lautet: „Oggersheim, 13. Mai. Nachdem am 8. Mai der deutsche Kaiser auf seiner Reise von Karlsruhe nach Wiesbaden durch unser Städtchen gekommen, stellte ein Lehrer der 4. Klasse in der nächsten Aufsatzstunde die Aufgabe, wer den Kaiser gesehen, solle etwas darüber schreiben – ohne dabei eine weitere Anleitung zu geben. Ein Kind lieferte wörtlich folgendes: Ich sah den Kaiser. Am Mittwoch sah ich den Kaiser in einem Automobil sitzen. Er kam um ¾ 5 Uhr in Oggersheim an. Die Leute schrieen alle hoch. Hinten an dem Automobil war eine Krone und vorn 2 Fähnchen. Er hatte den Schnurrbart nach oben gedreht. Mit der Hand griff er an die Mütze und nickte freundlich mit dem Kopf. Ich habe mich sehr gefreut."

Dok. 13: Die Stichwahl, die der Schreiber ansprach, fand im Rahmen der Reichstageswahlen 1907 statt, die zeitgenössisch als „Hottentottenwahlen" bezeichnet wurden. Der Reichstag war aufgelöst worden, nachdem Sozialdemokraten und Zentrum im Dezember 1906 die Bewilligung eines Nachtragshaushaltes verweigert hatten, der die Bereitstellung weiterer Mittel für die Bekämpfung des Herero-Nama-Aufstandes in Deutsch-Südwestafrika vorgesehen hatte. Reichskanzler Bernhard von Bülow schmiedete daraufhin den sogenannten ‚Bülow-Block', eine Koalition aus mehreren konservativen, nationalliberalen und linksliberalen Parteien, die eine parlamentarische Mehrheit ohne Sozialdemokraten und Zentrum bereitstellen konnte.

Dok. 16: Dem Schreiben lag eine Notiz auf einem separaten Blatt bei, in der es heißt: „Bitte um Hülfe für einen, der auf den Namen des Kaisers vertraute u. nun wohl wiederum kurz vor dem Weihnachtsfest zum 3ten Male im Namen des Königs gepfändet werden soll."

Dok. 17: Der Brief kann anhand zweier beiliegender Zeitungsausschnitte auf das Jahr 1911 datiert werden. Der Schreiber kommentierte die Texte der Ausschnitte mit handschriftlichen Randbemerkungen. Neben der Ankündigung des Wiesbadener Polizeipräsidenten, welche Straßenzüge anlässlich der Ankunft des Kaisers am 10. Mai 1911 gesperrt werden würden, stand etwa: „Den Verkehr zu unterbinden ist eine Gemeinheit! Die alte Schlafmütze!" In einem weiteren Text wurde ein Pferderennen angekündigt, das der Kaiser bei seiner Anwesenheit in Wiesbaden besuchen werde. Dort heißt es: „Die Pläne für den Fürstenpavillon sind fertig und sollen dem Kaiser hier vorgelegt werden." Handschriftlich vermerkte der Schreiber hierzu: „Nötiger wäre für uns Kurgäste ein Kochbrunnen Winterpalmenhaus." Im Zeitungstext heißt es weiter: „Herr Kalkbrenner fügt hinzu, daß auch die Garderobenräume vergrößert werden." Der Briefschreiber unterstrich den Namen auf dem Zeitungsausschnitt und notierte: „Der Kerl hatt minderjährige Mädchen verführt, kam deshalb vor Gericht, er hatt aber einen Orden und besorgt das Rennen."

Dok. 19: Bei dem im Brief erwähnten Aufruf des Kaisers handelt es sich um die Rede ‚An das deutsche Volk' vom 6. August 1914, dem Tag, auf den auch der Brief datiert ist. In der Ansprache zum Kriegsausbruch sagte Wilhelm unter anderem: „So muß denn das Schwert entscheiden. Mitten im Frieden überfällt uns der Feind. Darum auf! zu den Waffen! Jedes Schwanken, jedes Zögern wäre Verrat am Vaterlande. [...] Wir werden uns wehren bis zum letzten Hauch von Mann und Roß. Und wir werden diesen Kampf bestehen auch gegen eine Welt von Feinden. Noch nie ward Deutschland überwunden, wenn es einig war. Vorwärts mit Gott, der mit uns sein wird, wie er mit den Vätern war." – Zusammen mit dem Brief ist eine Visitenkarte des Schreibers in den Akten abgelegt, auf deren Rückseite vermerkt wurde: „Gabriel Hurwitz bittet, das von ihm eingereichte Gesuch als nicht gemacht zu betrachten." Die Karte ist mit dem Eingangsstempel vom 7. August 1914 versehen.

Dok. 20: In der Anlage des Briefes befand sich eine Reihe von Broschüren über plattdeutsche Mundartvorträge und Rezitationen, die die Schreiberin in Lazaretten hielt.

Dok. 21: Es darf angenommen werden, dass es sich bei dem Schreiber um einen der zahlreichen Trittbrettfahrer handelte, die sich als Täter der legendären Whitechapel-Morde im Herbst 1888 ausgaben. Mit Bezug auf den Brief, der dieser zeitgenössischen Übersetzung zugrunde lag, schrieb der Berliner Polizeipräsident Bernhard von Richthofen an Ernst Ludwig Herrfurth, den preußischen Minister des Inneren, am 24. Dezember 1888, dass „meiner unvorgreiflichen Ansicht nach den Drohungen in dem Briefe des angeblichen ‚Jack the ripper' eine ernste Bedrohung nicht beizumessen ist, es sich vielmehr lediglich um einen groben Unfug handeln dürfte. Auch mir sind inzwischen mehrere Briefe in deutscher Sprache aus Berlin selbst zugegangen, in welchen ‚Jack the ripper' seine Anwesenheit hierselbst anzeigt mit dem Bemerken, daß er auch hier eine, seiner Londoner ähnliche Thätigkeit entfalten werde. Versuche, die Verfasser dieser Briefe aus den Handschriften zu erkennen, sind leider aussichtslos."

Dok. 22: Der Schreiber adressierte in seinem Gedicht den verstorbenen Kaiser Wilhelm I., den Großvater Wilhelms II. Die Ansprache war deutlich an die populäre Barbarossa-Sage angelehnt, nach der der im Berg Kyffhäuser schlafende, mittelalterliche Kaiser Friedrich Barbarossa in der Stunde der Not des Deutschen Reiches erwachen und wiederkehren werde. Wilhelms Erbe, das nach den Worten des Schreibers „in einer kranken Hand" verblieb, trat nach Wilhelms Tod 1888 dessen Sohn Friedrich III. an, der bereits bei seiner Thronbesteigung unter Kehlkopfkrebs litt und nach 99 Tagen als Kaiser verstarb. Die erwähnte „Britisch-

Sklaverei" bezog sich – ebenso wie die Umschreibung „Bretlands Tochter" – auf Friedrichs Frau Victoria Adelaide, die älteste Tochter der englischen Königin Victoria, die in der Wahrnehmung der Zeitgenossen einen starken Einfluss auf Friedrich ausübte. Im Jahr, in dem der Großvater und der Vater verstorben waren, wurde Wilhelm II. im Alter von erst 29 Jahren Deutscher Kaiser und König von Preußen. – Die Personen, die der Schreiber im vierten Teil des Gedichtes aufzählte, sind dem engeren Umfeld Wilhelms zuzuordnen. Der Historiker Konrad Schottmüller lehrte seit 1878 als Professor beim Kadettenkorps in Berlin und war nach 1890 im Kultusministerium tätig. Heinrich von Goßler war seit 1889 Direktor des Allgemeinen Kriegsdepartements und später Kriegsminister. Dass der Schreiber dessen Bruder Gustav von Goßler meinte, der bis 1891 Minister im preußischen Kultusministerium und danach Oberpräsident von Westpreußen war, ist möglich, im vorliegenden Zusammenhang aber unwahrscheinlich. Der Geologe und Forschungsreisende Paul Güßfeldt begleitete Wilhelm seit 1889 wiederholt auf dessen Nordlandfahrten. Georg Hinzpeter war der Erzieher des heranwachsenden Wilhelm und blieb nach dessen Regierungsantritt ein Berater des Kaisers. Der preußische General Max von Versen wurde 1888 zum Generaladjutanten Wilhelms ernannt.

Dok. 25: Bei der genannten Ausstellung handelt es sich um die Chicagoer Weltausstellung im Jahr 1893.

Dok. 26: Der Schreiber referierte auf das ‚Diamond Jubilee', also das 60. Thronjubiläum der englischen Königin Victoria, das am 22. Juni 1897 begangen wurde.

Dok. 27: Der lateinische Sinnspruch bedeutet übersetzt: „Wie lange willst Du unsere Geduld noch missbrauchen?" und entstammt den *Catilinarischen Reden* des römischen Politikers und Philosophen Cicero.

Dok. 28 und 31: Offenbar verbreiteten englischsprachige Zeitungen in den Jahren 1905 und 1906 die Meldung, der Kaiser würde sich für Ansichtskarten interessieren. Zahlreiche Sammler schickten Wilhelm daraufhin – wie in diesen Beispielen – Bildpostkarten, häufig verbunden mit der Bitte, der Kaiser möge ihnen im Gegenzug Exemplare und Dubletten aus seiner Sammlung zukommen lassen. Ansichtskarten gingen aus dem europäischen Ausland ebenso wie aus Ecuador, Brasilien, Australien, Neuseeland und den USA ein.

Dok. 30: Der Inhalt des Briefes bezog sich auf eine Zeitungsmeldung, die der Schreiber als Ausschnitt beilegte. Der Text lautet: „‚Ich kann nur Amerikaner gebrauchen', so soll sich der Kaiser nach der ‚Preuß[ischen] Korr[espondenz]' vor einiger Zeit im Kasino eines vornehmen schlesischen Regiments geäußert haben. und wiederholt soll sich der Monarch ähnlich ausgedrückt haben. Die ‚Magdeburgische Zeitung' hatte diese Worte für sehr erfreulich im liberalen Sinne erklärt, [...]" – hier endet der Ausschnitt. Aufgrund des engen Zuschnitts kann nicht geklärt werden, aus welcher Zeitung die Meldung stammt und wann sie veröffentlicht wurde, sodass kein Bezugspunkt für die Datierung des Briefes besteht.

Dok. 32: Wahrscheinlich meinte der Schreiber mit Kaiserin Victoria die Ehefrau Wilhelms, Auguste Viktoria von Schleswig-Holstein-Sonderburg-Augustenburg, nicht dessen Mutter Victoria Adelaide, die allgemein als Kaiserin Friedrich bezeichnet wurde.

Dok. 33: Bei den Büchern, auf die der Schreiber verwies, handelte es sich um *Der große König Patacake* von Paul Gerardy aus dem Jahr 1904 sowie *Private Lives of Kaiser William II and his Consorts* von Henry W. Fischer aus dem gleichen Jahr, das den Untertitel *Secret History of the Court in Berlin* trägt. Das anonym veröffentlichte Buch von Gerardy ist eine Satire, in deren Mittelpunkt der König von Okzitanien steht. Die Figur des größenwahnsinnigen, autoritären und einfältigen Königs Patacake ist ganz offensichtlich und wenig subtil auf Wilhelm gemünzt. Im zweiten Buch zeichnet eine Hofdame der Kaiserin die Regentschaft Wilhelms nach und gibt scheinbar intime – und für Wilhelm wenig günstige – Einblicke in das höfische Leben.

Dok. 34: Die Stadt Werben an der Elbe wurde im Jahr 1909 von einem Winterhochwasser heimgesucht. – Der Schreiber Gustaf Nagel hatte bereits um die Jahrhundertwende als Lebensreformer Bekanntheit erlangt. Die ungewöhnliche Orthographie des Briefes entsprach einer eigenen, an der Aussprache ausgerichteten Rechtschreibung, die Nagel entwickelt hatte.

Dok. 35: Das Buch, auf das sich die Schreiberin bezog, ist das autobiographische *Aus meinem Diplomatenleben* von 1906 des ehemaligen US-Botschafters im Deutschen Reich, Andrew D. White.

Dok. 36: Dem Schreiben lag ein Zeitungsausschnitt mit der Meldung bei, der Kaiser habe „seiner Umgebung auf das bestimmteste versichert, er werde dem Alkohol für alle Zukunft entsagen". Weiterhin war der Meldung zu entnehmen, Wilhelm trinke aus diesem Grund bei offiziellen Anlässen ein alkoholfreies Getränk, das wie Champagner aussehe. Außerdem seien die kaiserlichen Schlösser vor kurzem mit mehreren tausend Flaschen Traubensaft – als Ersatz für Wein – beliefert worden.

Dok. 37: Der Brief entstand unter dem Eindruck des Balkankrieges, der besonders Österreich-Ungarn und Russland, die um Einfluss in der Region rangen, gegeneinander aufbrachte. Durch die Verflechtungen innerhalb der europäischen Bündnisse drohten die Großmächte auf einen Krieg zuzusteuern – Österreich-Ungarn und das Deutsche Reich auf der einen, Russland, Frankreich und Großbritannien auf der anderen Seite. Durch die Verlängerung des Dreibundes zwischen dem Deutschen Reich, Österreich-Ungarn und Italien am 5. Dezember sowie das Einberufen eines ‚Kriegsrates' durch Wilhelm am 8. Dezember demonstrierte das Deutsche Reich seine „Nibelungentreue" zur Doppelmonarchie. Der europäische Konflikt wurde bei der ‚Londoner Botschafterkonferenz' vorläufig beigelegt, indem sich die Großmächte auf die Loslösung Albaniens vom Osmanischen Reich einigten.

Dok. 39: Der zeitgenössischen Übersetzung lag ein Schreiben vom 7. Februar 1917 bei, das wahrscheinlich von der deutschen Botschaft in Lima stammt. Darin heißt es: „Ein Fräulein Grimaldina Pardo Figueroa, Kassiererin in der Warenabteilung der amerikanischen Bergwerks-Gesellschaft Backus & Johnston in Casapaloa, hat mir einen Huldigungsbrief an Seine Majestät den Kaiser und König mit der Bitte um Weiterbeförderung eingesandt. Indem ich bemerke, dass die Verfasserin im Rufe einer ernsten und anständigen Dame steht, beehre ich mich das Schreiben mit einer Uebersetzung zu überreichen."

Dok. 43: Bei der Reichstagswahl 1907 konnte sich in Wiesbaden der Sozialdemokrat Gustav Lehmann in der Stichwahl überraschend gegen den nationalliberalen Kandidaten Eduard Bartling durchsetzen. Der Wahlsieg Lehmanns wurde durch die Unterstützung der Zentrumswähler im Umland der Stadt begünstigt. Die Sorge des Jungen, wie sie im Brief zum Ausdruck kommt, reproduziert ein vor der Stichwahl in Wiesbaden kursierendes Gerücht, wonach der Kaiser im Falle eines sozialdemokratischen Wahlsieges die Stadt nicht mehr besuchen würde.

Dok. 44: High Wycombe ist eine Stadt in der englischen Grafschaft Buckinghamshire, rund 60 Kilometer nordwestlich von London gelegen.

Dok. 46: Hintergrund der Sorge über einen bevorstehenden Kriegsausbruch ist die europäische Krise, die durch die Annexion Bosniens und Herzegowinas durch Österreich-Ungarn am 5. Oktober 1908 ausgelöst wurde. Die *Daily Telegraph*-Affäre, die durch die Veröffentlichung eines Interviews Wilhelms in der englischen Zeitung am 28. Oktober 1908 entstand – also nur rund eine Woche vor dem Verfassen des Briefes – scheidet als innenpolitische Krise wahrscheinlich aus.

Dok. 48: Der Kaiser nahm, wie einer dem Brief beiliegenden Aktennotiz zu entnehmen ist, die Strümpfe „auf Befürwortung Ihrer Kgl. Hoheit der Frau Prinzessin August Wilhelm von Preußen ausnahmsweise" an und wies dieselbe vom Großen Hauptquartier aus dazu an, den „Kindern für diesen Ausdruck ihrer patriotischen Gefühle Allerhöchstihren Dank und landesmütterlichen Gruß auszusprechen". Mit Prinzessin August Wilhelm ist Alexandra von Schleswig-Holstein-Sonderburg-Glücksburg gemeint, die Frau des vierten Sohnes Wilhelms.

Dok. 49: Handschriftlich notierte eine unbekannte Person auf dem Brief: „a glass of soda-water would be very good for Mr. Bird."

Dok. 50: Der Schreiber bezog sich auf William Gladstone, der von 1868 bis 1874, von 1880 bis 1886 und erneut von 1892 bis 1894 britischer Premierminister war.

Dok. 51: Der Schreiber verwies auf Robert Salisbury, der zwischen 1885 bis 1892 und erneut von 1895 bis 1902 britischer Premierminister war und gleichzeitig häufig als Außenminister fungierte. Salisbury galt als Vertreter der *Splendid Isolation*, einer britischen Außenpolitik ohne internationale Bindungen auf dem europäischen Festland. – George Joachim Goschen war zwischen 1895 und 1900 Marineminister im Kabinett Salisbury.

Dok. 52: Der Krieg, auf den sich der afroamerikanische Schreiber bezog, war der Spanisch-Amerikanische Krieg im Jahr 1898, der im Pazifik und der Karibik ausgetragen wurde. In den Reihen der US-Armee kämpften vier Regimenter, die aus schwarzen Soldaten bestanden.

Dok. 53: Eine Reihe von Briefen an den Kaiser mit scharfer Kritik stand im Zusammenhang mit dem Burenkrieg zwischen 1899 und 1902. Weite Teile der reichsdeutschen Bevölkerung sympathisierten mit dem burischen Kampf gegen Großbritannien, während die Reichsleitung einen strikten Neutralitätskurs wahrte und sich Wilhelm indirekt auf die britische Seite stellte. Der Schreiber dieses Briefes bezog sich auf den zweiten Aufenthalt Wilhelms in England während des Burenkrieges: Der Kaiser reiste nach England an das Sterbebett seiner Großmutter, Königin Victoria, die am 22. Januar 1901 verstarb. Am Rande der Totenfeier wurde Wilhelm in den Rang eines englischen Feldmarschalls erhoben. Im Gegenzug verlieh er dem ehemaligen Oberbefehlshaber der britischen Truppen in Südafrika, Frederick Roberts, mit dem Schwarzen Adlerorden die höchste und älteste Auszeichnung, die Wilhelm in seiner Würde als preußischer König vergeben konnte.

Dok. 54: Mit „dem Manne, dem er alles dankt", meinte der Schreiber Otto von Bismarck, den Wilhelm 1890 als Reichskanzler entlassen hatte. Der „Vergleich Ihrer Persönlichkeit mit Caligula" bezog sich auf *Caligula. Eine Studie über römischen Cäsarenwahnsinn* von Ludwig Quidde aus dem Jahr 1894. Quidde hatte mit seiner – kaum als wissenschaftliche Arbeit getarnten – Schrift auf Wilhelm angespielt und war wegen Majestätsbeleidigung zu drei Monaten Haft verurteilt worden.

Dok. 55: Der Briefschreiber bezog sich auf die Internierung von burischen Zivilisten in Lagern während des Burenkrieges, die die britische Armee eingerichtet hatte, um die Guerillaaktivitäten der burischen Kämpfer zu ersticken. Die erschreckenden humanitären Zustände in diesen sogenannten ‚Concentration Camps' und die hohe Sterblichkeit unter den Insassen wurden im Sommer 1901 in Europa bekannt.

Dok. 56: Zur Zeit der Reichsgründung 1871 lebten in Preußen rund 2,5 Millionen Polen. Der Briefschreiber sprach die repressive Sprachenpolitik des preußischen Staates an, mit der die Verwendung des Polnischen zurückgedrängt und der Vorrang des Deutschen in Verwaltung, Schule und alltäglichem Gebrauch durchgesetzt werden sollte.

Dok. 57: Bei den Personen, unter deren Namen der Schreiber den Kaiser adressierte, handelte es sich um Leander Jameson und Joseph Chamberlain. Jameson hatte im Jahr 1896 eine Armee angeführt, die erfolglos versucht hatte, einen Sturz der Regierung der Burenrepublik Transvaal herbeizuführen und so den Weg für eine Einverleibung der Republik in den britischen Machtbereich zu ebnen. Diese als *Jameson-Raid* bezeichnete Militäraktion galt bei Ausbruch des Burenkrieges vielfach als prototypischer Vorläufer der britischen Kriegsanstrengung in Südafrika. Kaiser Wilhelm hatte als Reaktion auf den *Jameson-Raid* dem Präsidenten des Transvaal, Paul Krüger, ein Telegramm geschickt, in dem er ihn dazu beglückwünschte, den Angriff abgeschlagen zu haben. Das als *Krüger-Telegramm* bezeichnete Schreiben, auf das sich auch der Briefschreiber bezog, löste eine außenpolitische Krise zwischen dem Deutschen Reich und Großbritannien aus. Der britische Kolonialsekretär Chamberlain galt in der öffentlichen Wahrnehmung des Burenkrieges häufig als Kriegstreiber.

Dok. 59 und 61: Beide Schreiber bezogen sich auf die Erste Marokkokrise von 1905/1906, einem Ringen zwischen Frankreich und dem Deutschen Reich um kolonialen Einfluss in Marokko.

Dok. 62: Der Schreiber verwies auf Reichskanzler Bernhard von Bülow und den preußischen Landwirtschaftsminister Victor von Podbielski. Letzterer musste im November 1906 zurücktreten, da er in eine Korruptionsaffäre verwickelt war. Die Firma Tippelskirch & Co. hatte im Jahr 1895 Beamte des Kolonialamtes bestochen, um zu erwirken, dass sie ein Monopol auf die Belieferung der deutschen Schutztruppe in den Kolonien mit Ausrüstungsgegenständen erhielt; für die Waren wurden danach jahrelang überteuerte Preise gezahlt. Im Lauf des Jahres 1906 wurde bekannt, dass Podbielskis Frau Margarethe, die an der Firma beteiligt war, bei der illegalen Absprache als Vermittlerin fungiert hatte.

Dok. 65: Mit dem „so überaus günstigen Ausgang der Wahlen" meinte der Schreiber wahrscheinlich den massiven Verlust von Parlamentssitzen der Sozialdemokraten bei der Reichstagswahl 1907.

Dok. 66: Die Zentrumspartei konnte bei der Reichstagswahl von 1907 ihren Status als mit Abstand stärkste Fraktion verteidigen und trotz leichter Stimmenverluste fünf Sitze hinzugewinnen; sie stellte mit 105 Sitzen mehr als ein Viertel aller Abgeordneten. Die Polenpartei konnte leicht zulegen und die Anzahl ihrer Sitze um 4 auf 20 erhöhen. Der Schreiber verwies auf einen Ausspruch des pfälzischen

Zentrumsabgeordneten Franz Xaver Schädler. – Im zweiten Teil des Briefes bezog sich der Schreiber auf Bernhard Dernburg, der 1907 der erste Staatsekretär des neugeschaffenen Reichskolonialamtes wurde. Der Umfang der angesprochenen Auswanderung nach Deutsch-Südwestafrika, das als einzige Siedlungskolonie unter den deutschen Schutzgebieten galt, blieb während der Gesamtdauer der deutschen Kolonialherrschaft – vor allem verglichen mit der deutschen Auswanderung nach Nordamerika – weit hinter den ambitionierten Erwartungen zurück.

Dok. 69: Die Inschrift „Dem deutschen Volke", die noch heute am Westportal des Reichstags zu sehen ist, wurde erst 1916 angebracht. Zuvor war die Stelle, an der diese Widmung steht, nach der Fertigstellung des Gebäudes 1894 leer geblieben.

Dok. 70: Der lateinische Sinnspruch lautet übersetzt: „Christus siegt! Christus herrscht! Christus gebietet in Ewigkeit!" Der Tag des Heiligen Chrysostomus, auf den der Brief datiert wurde, ist der 13. September. Der Schreiber blickte in seinem Brief auf den Kulturkampf zwischen 1873 und 1887 zurück, in dem Reichskanzler Otto von Bismarck den staatlichen Einfluss des Katholizismus mit einer Vielzahl repressiver Maßnahmen zurückzudrängen versuchte. Als gegenläufige Reaktion verzeichnete jedoch das Zentrum als Partei des politischen Katholizismus in der Zeit des Kulturkampfes ansteigende Wählerzahlen.

Dok. 71: Der portugiesische König Carlos, dessen Schicksal der Schreiber dem deutschen Kaiser wünschte, erlag am 1. Februar 1908 in Lissabon den Folgen eines Attentates, bei dem auch der Kronprinz getötet wurde.

Dok. 72: Der Brief ist undatiert, kann jedoch aufgrund seines Inhalts der *Daily Telegraph*-Affäre im Spätjahr 1908 zugeordnet werden. Auslöser der innenpolitischen Krise war ein Interview mit dem deutschen Kaiser, das am 28. Oktober 1908 in der Londoner Zeitung *Daily Telegraph* veröffentlicht wurde. Wilhelm legte darin unter anderem dar, er würde gegen den Willen einer Mehrheit des deutschen Volkes eine englandfreundliche Politik betreiben, was er mit seinem Verhalten während des Burenkrieges zu belegen versuchte. Neben dem Inhalt erregte die Art der Veröffentlichung des Textes Unmut: Mehrere zuständige Personen hatten das Manuskript vor der Freigabe in der bürokratischen Hierarchie unbesehen weitergereicht, da sie sich im Urlaub befanden. Reichskanzler Bernhard von Bülow bot in der Staatskrise, die durch die Veröffentlichung entstanden war, seinen Rücktritt an, worauf auch die Briefschreiberin referierte. Ebenso verwies sie auf Wilhelms Besuch in Donaueschingen, wo sich der Kaiser während der Krise für längere Zeit aufhielt.

Dok. 74: Die Benennung des Monats Juni mit ‚Linding', wie sie in der Datierung dieses Briefes vorgenommen wurde, war Teil einer Reihe von pseudo-germanischen Monatsnamen, die nach der Jahrhundertwende vor allem in völkischen

Kreisen aus sprachpuristischen Gründen verwendet wurden. Weitere dieser Bezeichnungen sind etwa ‚Hartung' für Januar, ‚Lenzing' für März, ‚Scheiding' für September und ‚Julmond' für Dezember.

Dok. 77: Der im Brief zitierte Ausspruch „Ich kenne keine Parteien mehr, ich kenne nur noch Deutsche" entstammt der Ansprache Wilhelms vor dem Reichstag am 4. August 1914. Mit der Bewilligung der Kriegskredite an diesem Tag schlossen die Abgeordneten aller Parteien den sogenannten ‚Burgfrieden', eine Absprache, Parteienkonflikte während des Krieges ruhen zu lassen.

Dok. 79: Die im Brief angesprochene Kanzlerkrise war entstanden, als sich Reichskanzler Georg Michaelis nach nur wenigen Tagen im Amt gegen eine vom Reichstag verabschiedete Friedensresolution stellte, die einen Verständigungsfrieden zur Beendigung des Weltkrieges ohne finanzielle oder territoriale Forderungen des Deutschen Reiches einforderte. Am 31. Oktober 1917 trat Michaelis von seinem Amt zurück. Zu seinem Nachfolger wurde am 1. November 1917 – dem Tag, auf den auch der Brief datiert ist – Georg von Hertling ernannt. – Wen der Schreiber als Reichskanzler vorschlug, ist unklar. Ein Friedrich Roth war während dieser Zeit jedenfalls nicht Bürgermeister in Leipzig.

Dok. 80 und 81: Beide Briefe, deren Schreiber Vorschläge zur Finanzierung der weiteren Flottenrüstung unterbreiteten, sind im Zusammenhang der Diskussion um eine Novelle der Flottengesetze zu sehen. Mit ihrer Ratifizierung wurde im Mai 1906 der Bau von sogenannten *Dreadnoughts* bewilligt, ein neuer Schiffstyp, den die britische Marine kurz zuvor eingeführt hatte. Die Umstellung auf die wesentlich größeren und kostenintensiveren *Dreadnoughts* sprengte den zuvor projektierten Finanzrahmen des deutschen Flottenbauprogramms. – In der Anlage zu Dok. 81 befand sich ein Aufruf des ‚Deutschen Flottenvereins' mit der Aufforderung, Masseneingaben an den Reichstag zu senden und auf die beschleunigte Durchführung des Flottenbauprogrammes zu drängen. Weiterhin enthielt die Anlage einen Zeitungsausschnitt aus der *Königsberger Allgemeinen Zeitung* vom 11. Januar 1906 mit einem Artikel über das Haushaltsdefizit.

Dok. 82: Bei dem Buch, das der Schreiber zur Verbreitung vorschlug, handelte es sich um das autobiographische *Aus unserem Kriegsleben in Südwestafrika. Erlebnisse und Erfahrungen* von Max Schmidt, das bis 1913 in mehreren Auflagen erschien. Das Buch behandelt die Niederschlagung des Herero-Nama-Aufstandes in der Kolonie Deutsch-Südwestafrika, der im Januar 1904 ausgebrochen war. Die Kampfhandlungen waren bis November 1905 weitgehend beendet; der Briefschreiber adressierte den Kaiser wahrscheinlich deshalb als „Kriegsherren", weil der zweite große Aufstand der deutschen Kolonialgeschichte, der Maji-Maji-Aufstand in der Kolonie Deutsch-Ostafrika, der nur kurz nach dem Herero-Nama-Aufstand ausgebrochen war, beim Verfassen des Briefes noch von deutschen Schutztruppen bekämpft und erst 1908 für beendet erklärt wurde.

Dok. 83: Die Schreiberin adressierte den Kaiser an Bord der kaiserlichen Yacht *Hohenzollern*, auf der er sich während seiner jährlichen Nordlandfahrt aufhielt. Reichskanzler Bernhard von Bülow befand sich zur Kur auf Norderney.

Dok. 84: Das Buch, das nach Ansicht des Schreibers jeder Deutsche kaufen sollte, war *Deutschlands Flotte im Kampf. Eine Phantasie* von Hans Graf Bernstorff, das bereits 1908 in einer ersten Auflage erschienen war. Wie der Untertitel bereits unterstreicht, handelt es sich bei dem Buch um eine fiktive Vision eines zukünftigen Krieges, aus dem das Deutsche Reich siegreich hervorgeht, weil es – gegen den Willen der Sozialdemokratie – seine Flottenrüstung konsequent vorangetrieben hat.

Dok. 85: Die vom Briefschreiber angesprochene Wehrvorlage passierte den Reichstag am 20. Juni 1913 und sah die massive Aufstockung des stehenden Heeres in Friedenszeiten vor. – Das historische Vorbild, auf das der Schreiber verwies, war der „Aufruf der königlichen Prinzessinnen an die Frauen im preußischen Staate", mit dem die Bevölkerung im März 1813 dazu aufgefordert wurde, Goldschmuck zur Finanzierung des Befreiungskampfes gegen die napoleonische Herrschaft zu stiften.

Dok. 86: Beide Schiffe, auf die sich der Schreiber bezog, waren Passagierschiffe und gehörten zur *Imperator*-Klasse der Hamburger HAPAG-Reederei. Die *Vaterland* lief im April 1913 vom Stapel und war zu diesem Zeitpunkt das größte Schiff der Welt. Das Schwesterschiff der *Vaterland*, für das der Briefschreiber den Namen *Heimat* vorschlug, lief ein Jahr später vom Stapel, wurde *Bismarck* getauft und löste die *Vaterland* als weltgrößtes Schiff ab. Der Ausbruch des Weltkrieges stoppte zunächst den Weiterbau, 1922 wurde das – nach dem Krieg fertig gestellte Schiff – als Reparation an Großbritannien abgegeben.

Dok. 89: Die ‚Zentral-Einkaufsgesellschaft', die das Paket Butter der Schreiberin beschlagnahmt hatte, war eine im Januar 1915 gegründete, kaufmännische Gesellschaft unter der Leitung des Reichsamtes des Innern. Ihre Aufgaben lagen im Rahmen der Kriegswirtschaft im Einkauf von Waren im Ausland, der Förderung und Kontrolle der Einfuhr sowie der Durchführung des Binnenhandels mit bestimmten Warengruppen. Der Brief wurde während des sogenannten ‚Steckrübenwinters' von 1916 verfasst, der ersten gravierenden Versorgungskrise im Deutschen Reich während des Weltkrieges. – Bei den Akten befindet sich ein weiterer Brief der Schreiberin, datiert auf den gleichen Tag und ebenfalls direkt an den Kaiser gerichtet. Darin schrieb die Verfasserin: „Soeben erhalte ich einen durch die Post sehr verzögerten Brief von der Zentral-Einkaufs-Gesellschaft in Berlin, worin mir mitgeteilt wird, dass man meiner Bitte stattgibt und die Sendung Butter mir ausgefolgt wird. Ich bitte daher Sr. Hoheit vielmals um Verzeihung, wenn ich mit diesem Gesuch an Sie herangetreten bin. Dasselbe wolle man daher als gegenstandslos betrachten."

Dok. 90: Einen Tag vor dem Verfassen des Briefes stellte der US-Präsident Woodrow Wilson sein ‚14-Punkte-Programm' vor, das die Grundlage für die Aufnahme von Friedensverhandlungen darstellen sollte. Auch wenn es im Brief nicht explizit erwähnt wurde, ist zu vermuten, dass der Schreiber unter dem Eindruck dieser Forderungen und Grundsätze stand, als er seinen Brief verfasste.

Dok. 95-100: Die Briefe wurden unter dem Eindruck der Ereignisse nach dem Amtsantritt Max von Badens verfasst, der am 3. Oktober 1918 vom Kaiser zum Reichskanzler ernannt worden war und die Amtsnachfolge Georg von Hertlings antrat. Der liberale, aber parteilose Max von Baden bildete eine parlamentarische Regierung, an denen die Mehrheitsparteien des Reichstages beteiligt wurden. So gehörten mit Philipp Scheidemann und Gustav Bauer erstmals zwei Sozialdemokraten dem Kabinett an, die katholische Zentrumspartei stellte mit Matthias Erzberger, Karl Trimborn und Adolf Gröbler drei Minister. Friedrich von Payer von der linksliberalen ‚Fortschrittlichen Volkspartei' fungierte als Vizekanzler. Die Regierungsbildung war Teil einer politischen Umstrukturierung, die von der Obersten Heeresleitung selbst angeregt worden war: Einerseits, um den alliierten Friedensbedingungen entgegenzukommen, die eine Demokratisierung des Deutschen Reiches forderten, andererseits, um bevorstehende Friedensverhandlungen an eine zivile Regierung abgeben zu können. Max von Baden versandte am 4. Oktober 1918 ein Waffenstillstandsgesuch an den US-amerikanischen Präsidenten Woodrow Wilson. Dieser forderte in seiner Antwort jedoch vor der Aufnahme von Friedensgesprächen tiefgreifende politische Reformen, die den Weg zur Bildung einer demokratischen Republik ebnen sollten, in der kein Platz mehr für die Monarchie vorgesehen werden sollte.

Quellennachweis

Geheimes Staatsarchiv Preußischer Kulturbesitz, Berlin

- GStA PK, I. HA Rep. 76 Kultusministerium, Vc Wissenschaftssachen, Sekt. 1 Tit. XI. Teil V C Nr. 10, Luftschifffahrt und Luft-, Flug- und Schwimmkunst, Bd. 4, April 1908-Dezember 1909
- GStA PK, I. HA Rep. 89 Geheimes Zivilkabinett, Jüngere Periode, Nr. 725, Bestimmungen über Abfassung, Einreichung und Behandlung von Throneingaben, Bd. 2, 1868-1918
- GStA PK, I. HA Rep. 89 Geheimes Zivilkabinett, Jüngere Periode, Nr. 844, Eingaben betr. innere Angelegenheiten, 1884, 1906-1918
- GStA PK, I. HA Rep. 89 Geheimes Zivilkabinett, Jüngere Periode, Nr. 845, Eingaben betr. das Staatsoberhaupt, 1886-1888, 1905-1918
- GStA PK, I. HA Rep. 89 Geheimes Zivilkabinett, Jüngere Periode, Nr. 848, Eingaben betr. das Militärwesen, 1889, 1892, 1905-1918
- GStA PK, I. HA Rep. 89 Geheimes Zivilkabinett, Jüngere Periode, Nr. 849/1, Angelegenheiten der Lehrerin Clara v. Förster, 1894-1900
- GStA PK, I. HA Rep. 89 Geheimes Zivilkabinett, Jüngere Periode, Nr. 849, Eingaben betr. die Regierungspolitik u.ä., 1893, 1905-1918
- GStA PK, I. HA Rep. 89 Geheimes Zivilkabinett, Jüngere Periode, Nr. 851, Dem Kaiser übersandte Ansichtspostkarten, 1905-1908
- GStA PK, I. HA Rep. 89 Geheimes Zivilkabinett, Jüngere Periode, Nr. 852, Eingaben über auswärtige Angelegenheiten, 1905-1917
- GStA PK, I. HA Rep. 89 Geheimes Zivilkabinett, Jüngere Periode, Nr. 853, Eingaben betr. das Kirchen- und Schulwesen, 1905-1918
- GStA PK, I. HA Rep. 89 Geheimes Zivilkabinett, Jüngere Periode, Nr. 854, Eingaben betr. Wirtschaft und Verkehr, 1905-1918
- GStA PK, I. HA Rep. 89 Geheimes Zivilkabinett, Jüngere Periode, Nr. 857, Eingaben betr. Staatsbehörden und Minister, 1906, 1912
- GStA PK, I. HA Rep. 89 Geheimes Zivilkabinett, Jüngere Periode, Nr. 858, Eingaben betr. Angelegenheiten der königlichen Familie, 1906-1914
- GStA PK, I. HA Rep. 89 Geheimes Zivilkabinett, Jüngere Periode, Nr. 859, Eingaben betr. Wahlen u. Wahlrecht, 1906, 1907, 1917, 1918
- GStA PK, I. HA Rep. 89 Geheimes Zivilkabinett, Jüngere Periode, Nr. 860, Eingaben betr. Titelverleihungen und Auszeichnungen, 1906, 1913, 1917
- GStA PK, I. HA Rep. 89 Geheimes Zivilkabinett, Jüngere Periode, Nr. 862, Eingaben betr. Justizsachen, 1907-1919

- GStA PK, I. HA Rep. 89 Geheimes Zivilkabinett, Jüngere Periode, Nr. 863, Eingaben betr. Kolonialangelegenheiten, 1907, 1912, 1918
- GStA PK, I. HA Rep. 89 Geheimes Zivilkabinett, Jüngere Periode, Nr. 865, Huldigungen des Wanderpredigers Gustav Nagelin Arendsee (Altmark) an den Kaiser, 1909
- GStA PK, I. HA Rep. 89 Geheimes Zivilkabinett, Jüngere Periode, Nr. 870, Allgemeine Bestimmungen über die Annahme von Darbietungen, 1915-1917
- GStA PK, I. HA Rep. 89 Geheimes Zivilkabinett, Jüngere Periode, Nr. 15241, Anzeigen über Verschwörungen gegen den König, Schmähschriften und Drohbriefe, Bd. 1, 1828-1907
- GStA PK, I. HA Rep. 89 Geheimes Zivilkabinett, Jüngere Periode, Nr. 15242, Anzeigen über Verschwörungen gegen den König, Schmähschriften und Drohbriefe, Bd. 2, 1908-1918
- GStA PK, Brandenburg-Preußisches Hausarchiv, Rep. 53 König (Kaiser) Wilhelm II., Nr. J Anonyma, Anonyme Briefe an Kaiser Wilhelm II. von Preußen (Unterschriften nicht lesbar)
- GStA PK, Brandenburg-Preußisches Hausarchiv, Rep. 113 Oberhofmarschallamt, Nr. 102, Angelegenheiten verschiedenen Inhalts, Bd. 48, 1892-1893
- GStA PK, Brandenburg-Preußisches Hausarchiv, Rep. 113 Oberhofmarschallamt, Nr. 103, Angelegenheiten verschiedenen Inhalts, Bd. 49, 1893-1894
- GStA PK, Brandenburg-Preußisches Hausarchiv, Rep. 113 Oberhofmarschallamt, Nr. 104, Angelegenheiten verschiedenen Inhalts, Bd. 50, 1894-1895

Politisches Archiv des Auswärtigen Amtes, Berlin

- PA, Preußen 1 Nr. 1 Nr. 12, Zuschriften an seine Majestät von Privatpersonen, Bde. 1-8, 1889-1917

Bildnachweis

Titel
Wilhelm Zipperling an Kaiser Wilhelm II. [mit Fotografie], 31.1.1908
GStA PK, I. HA Rep. 89 Geheimes Zivilkabinett, Jüngere Periode, Nr. 848, Eingaben betr. das Militärwesen, 1889, 1892, 1905-1918, Bl. 41-42

Seite 17
Fritz von Schirp an Kaiser Wilhelm II., 5.6.1894
GStA PK, Brandenburg-Preußisches Hausarchiv, Rep. 113 Oberhofmarschallamt, Nr. 103, Angelegenheiten verschiedenen Inhalts, Bd. 49, 1893-1894, Bl. 187

Seite 37
Postkarte C.B. Pohl an Kaiser Wilhelm II., 20.3.1906
GStA PK, I. HA Rep. 89 Geheimes Zivilkabinett, Jüngere Periode, Nr. 851, Dem Kaiser übersandte Ansichtspostkarten, 1905-1908, Bl. 108

Seite 55
Fritz Ullig und Eduard Feldmann an Kaiser Wilhelm II., 5.11.1908
GStA PK, I. HA Rep. 89 Geheimes Zivilkabinett, Jüngere Periode, Nr. 848, Eingaben betr. das Militärwesen, 1889, 1892, 1905-1918, Bl. 49

Seite 63
Herrmann Zimmermann an Kaiser Wilhelm II., 28.1.1907
GStA PK, I. HA Rep. 89 Geheimes Zivilkabinett, Jüngere Periode, Nr. 859, Eingaben betr. Wahlen u. Wahlrecht, 1906, 1907, 1917, 1918, Bl. 21

Seite 91
Philipp Harald Schäfer an Kaiser Wilhelm II., 3.6.1914
GStA PK, I. HA Rep. 89 Geheimes Zivilkabinett, Jüngere Periode, Nr. 848, Eingaben betr. das Militärwesen, 1889, 1892, 1905-1918, Bl. 27

Seite 99
Schmuckblatt zu Baruch Nacht an Kaiser Wilhelm II., 29.12.1914
GStA PK, I. HA Rep. 89 Geheimes Zivilkabinett, Jüngere Periode, Nr. 853, Eingaben betr. das Kirchen- und Schulwesen, 1905-1918, Bl. 67

Michael A. Förster

Kulturpolitik im Dienst der Legitimation
Oper, Theater und Volkslied als Mittel der Politik Kaiser Wilhelms II.

Frankfurt am Main, Berlin, Bern, Bruxelles, New York, Oxford, Wien, 2009.
299 S., 9 Abb., 1 Tab.
Mainzer Studien zur Neueren Geschichte. Herausgegeben von
Peter C. Hartmann, Walter G. Rödel und Konrad Amann. Bd. 25
ISBN 978-3-631-59105-5 · br. € 51.50*

Die Kulturpolitik Kaiser Wilhelms II. wurde bisher hauptsächlich als dessen Privatangelegenheit betrachtet. Eine Untersuchung der Ziele und Motive seiner Kulturpolitik ist jedoch bisher weitestgehend unterblieben. Mit der Förderung der Kultur hat der letzte deutsche Kaiser allerdings weit mehr beabsichtigt, als persönlichen Neigungen zu frönen. Dies belegt beispielsweise die Analyse der in seinem Auftrag verfassten Oper *Der Roland von Berlin* eindrücklich. Die Lage der Monarchie und der Dynastie der Hohenzollern war durch verschiedene Entwicklungen im Reich in ihrer Existenz bedroht. Darum musste Kaiser Wilhelm II. handeln. Seine politischen Versuche eines sozialen Kaisertums scheiterten und seine Möglichkeiten waren durch die Verfassung beschränkt. Einzig auf dem Feld der Kultur konnte der Kaiser freier wirken. Seit dem Jahr 1894 ist eine intensive kulturpolitische Betätigung sichtbar. Das Streben Kaiser Wilhelms II. hatte zum Ziel, seinen Großvater Kaiser Wilhelm I. zum Mittelpunkt eines Reichsmythos zu machen – mit einem daraus resultierenden Reichskult. Dieser sollte mit Hilfe kultureller Maßnahmen wie Opern, Theaterstücken und Volksliedern emotional bei den Menschen verankert werden. Die Dynastie der Hohenzollern sollte in die, sich seit 1871 immer stärker ausprägende, nationale Identität der Deutschen integriert werden. Die Arbeit analysiert dazu verschiedene Opern, Theaterstücke, Festspiele und Volkslieder inhaltlich und setzt ihre Inhalte mit den politischen Ereignissen im Reich in Verbindung.

Aus dem Inhalt: Einführung und Voraussetzungen · Reklame und Dynastie · Ursachen und Notwendigkeit der dynastischen Reklametätigkeit bzw. der Schaffung eines Reichsmythos und eines damit verbundenen Reichskultes · Weitere kulturpolitische Maßnahmen · Oper, Theater, Festspiele und Volkslieder · Musik als emotionales Mittel · u.v.m.

Frankfurt am Main · Berlin · Bern · Bruxelles · New York · Oxford · Wien
Auslieferung: Verlag Peter Lang AG
Moosstr. 1, CH-2542 Pieterlen
Telefax 0041 (0)32/376 17 27

*inklusive der in Deutschland gültigen Mehrwertsteuer
Preisänderungen vorbehalten
Homepage http://www.peterlang.de